亨利·福特

Henry Ford

亨利·福特

Henry Ford

皮波人物国际名人研究中心 编著

国际文化出版公司

·北京·

图书在版编目（CIP）数据

亨利·福特/皮波人物国际名人研究中心编著. —北京：国际文化出版公司，2013.1
（名人传记丛书）
ISBN 978-7-5125-0428-8

Ⅰ.①亨… Ⅱ.①皮… Ⅲ.①福特，H.（1863～1947）—传记 Ⅳ.①K837.125.38

中国版本图书馆CIP数据核字（2012）第199628号

名人传记丛书·亨利·福特

作　　者	皮波人物国际名人研究中心 编著
责任编辑	赵　辉
统筹监制	葛宏峰 刘　毅 任立雍
策划编辑	周　贺
美术编辑	丁鉷煜
出版发行	国际文化出版公司
经　　销	国文润华文化传媒（北京）有限责任公司
印　　刷	三河市嵩川印刷有限公司
开　　本	700毫米×1000毫米　　　16开
	12印张　　　　　　112千字
版　　次	2013年1月第1版
	2020年9月第2次印刷
书　　号	ISBN 978-7-5125-0428-8
定　　价	30.00元

国际文化出版公司
北京朝阳区东土城路乙9号　　邮编：100013
总编室：（010）64270995　　传真：（010）64271499
销售热线：（010）64271187　64279032
传真：（010）84257656
E-mail：icpc@95777.sina.net
http://www.sinoread.com

目录

目录

目录

目录

少年机械师

童年

亨利·福特是美国著名的汽车工程师和企业家，他创办的福特汽车公司，改变了美国的汽车工业史，乃至所有美国人的生活方式，要了解他的一生，我们先从他的家族谈起。亨利·福特的祖父约翰·福特原本是爱尔兰的农民，一家人过着自给自足的

亨利·福特

生活。19世纪中叶的爱尔兰饥荒波及福特一家，庄稼颗粒无收，约翰·福特只好带着亨利的父亲——20岁的威廉和另两个孩子来到美洲，定居在了美国密歇根州底特律北方的一个叫迪尔伯恩的开拓村。

亨利的父亲威廉·福特非常勤快，他一面兼任铁路修护工，一面做木匠，除此之外还要帮忙耕种田地。鉴于他的勤快和能干，附近的农场主雇他到农场帮忙。没过多久，威廉·福特就和农场主的独生女——美丽的玛莉坠入爱河，最后二人结婚，组成了一个美满的家庭。婚后第二年，即1863 年的 7 月 30 日，亨利·福特出生了。

在亨利·福特出生的前一天，公婆一直陪伴在玛莉的身边；威廉在天还没亮的时候就去十里外的地方请医生，医生到的时候太阳刚刚出来，亨利·福特就在早晨七点钟出生了。这个刚出生的小男婴身体很健康，刚做父亲的威廉·福特兴奋不已，立刻拿出五美元作为酬金给医生。这在当时已经是很慷慨的了，要知道威廉辛苦工作一天也只能赚到一美元 50 美分而已。那位医生拿到了钱也很兴奋，连声恭喜之后才离开。威廉给这个孩子起了一个和自己弟弟一样的名字——亨利。

那时候一家人住在两层楼的木造房子里，西边是一片果园，附近还有耕种得井井有条的田地，南方是一大片森林，分布着一些刚刚开拓不久的村庄。每到春暖花开的时候，这里就遍布五彩缤纷的野花，蝴蝶、蜻蜓高兴地穿梭于花丛中，各种鸟儿欢快地歌唱着，浓密的草丛中，时不时会见到很多兔子、臭鼬、浣熊、狐狸以及水貂等小动物。此外，还有一些野兽也经常出没于森林中，如狼先生、熊先生们，用"先生"来称呼猛兽，是当时到这里拓荒的人的习惯。福特家西边有一条卢其河，30 米宽，福特夫妻和邻居经常带小孩子到河堤畔游玩。

亨利·福特非常喜欢小鸟，在他的童年记忆中，有很多关于小鸟的事情。两岁时，小亨利就与父亲、弟弟三人去看鸟巢。父亲抱着仍在襁褓中的弟弟，亨利在后面连走带跑地跟着，他看到了鸟巢中的蛋，听到了小鸟发出的美妙声音，这一切都让两岁的亨利感到新奇不已。从那时起，亨利就爱上了小鸟，并且这种偏爱贯穿了他的一生。只要是美国境内的鸟，亨利·福特就能凭借声音分辨出它们的种类。后来亨利·福特在卢其河畔兴建住宅时，就在院子的树上做了两千多个鸟巢。

后来亨利·福特又陆续多了两个弟弟和两个妹妹，家里一共有了六个孩子，玛莉每天从早忙到晚，烧饭、洗衣、养鸡和整理花园都是她每天的固定工作，甚至家里的蜡烛、肥皂等生活用品都是她亲手制造的。虽然忙碌，但是玛莉还是经常陪孩子们玩，也很注重对孩子的教育。她经常提醒孩子们要保持勤劳诚实的品质，每次亨利·福特说谎，玛莉就会整天不理他，久而久之，小亨利也就养成了从不骗人的品质。一家人过着温馨的生活，玛莉常说："没有幸福的家庭，就没有幸福的世界。"

又过了几年，亨利稍稍长大了，玛莉便把照顾马的工作分派给他。小亨利对此感到很厌倦，他曾经被马摔倒在地上，一只脚却仍挂在鞍镫上，狼狈地被它拖回家，因此亨利·福特对让他伤痕累累的马存有一种无法抹去的厌恶，总是提不起兴趣照顾马匹。

面对亨利的牢骚，母亲平静地开导他说："亨利，人为了生存，必须要面对许多讨厌的工作，如果处处存着躲避的心理，那你的人生肯定会失败的。你可以同情别人，但绝不能宠坏自己。"母亲的话一针见血，好像早就看透亨利的心理似的，让无精打采的他立刻就打起精神去工作了。

玛莉很了解儿子，总是能看出他的意图。一天早晨，玛莉对亨利说："河水很冷，千万不可去游泳。"亨利听了暗吃一惊，因为他刚刚准备瞒着母亲去游泳，而玛莉严厉的警告让他打消了念头。

亨利在很小的时候就开始学习读书写字，在玛莉的悉心培养下，亨利·福特在入学以前，就已经熟读在学校里该读的书了。七岁半的时候，亨利进入一所离家一千米远的学校读书。当时大家普遍都是七岁入学，亨利也在寒冷的冬天离开了温馨的家。

亨利的宿舍在当时来讲条件还是不错的，高年级的学生要在春秋两季的时候回家帮忙农事，这个时候就由女老师来给低年级的学生上课；到了冬天，便改由男老师给高年级的学生授课。这种安排也许是由于高年级的学生比较调皮，使女老师感到棘手吧。

亨利·福特也很调皮，他曾经到别人田地里偷西瓜，差点被抓个正着；他还把午餐的三明治偷偷换成糖果，最终吃坏了肚子。有一次，老师在上课时发现亨利和同学交头接耳，便罚他和女生同坐，并告诫说："你要学习做个好孩子。"但亨利显然听不进去这种教条式的训诫。

亨利总喜欢偷偷在课上拆解手表，还把附有大幅地图的地理课本立在桌上作掩护。老师起初还很纳闷，奇怪亨利为什么总是在看地理书，终于有一次，老师发现了他的小秘密，最后亨利被罚坐在教室的最前排，正对着教室内的壁炉。日子久了之后，亨利竟然对壁炉产生了一种难以名状的情感，以至于后来亨利在家里设计了一个一模一样的壁炉来怀念那段时光。

亨利·福特小时候很喜欢户外活动，如放风筝、游泳、钓鱼等，他很擅长跳跃运动，对于当时极盛行的溜冰也很在行。虽然有些调皮，但亨利并不是个贪玩、不求上进的孩子，他的功课很好，数学是他的强项。

当时的课本内容很充实向上，不但赞美正当的爱国情操，而且否定无意义的战争，能够辩证地看待一般公认的英雄人物。其中有一首诗叫做《父亲，所谓的大帝是否就是真正的伟人》：

哦，父亲！
亚历山大是否希望着
焚烧自己房子、毁灭自己生命，
与自己完全一样疯狂的强人降世？
是否因为他杀人无数，

所以大家称他为大帝？

但是，大帝有什么权力滥杀无辜？

父亲，请您告诉我！

亨利在学校时经常做实验，很早的时候就带领大家做水车的实验。他指挥同学们把学校旁边的排水沟堵住，用锄柄作旋转轴，然后连接水车和旧的咖啡磨碎机，再往磨碎机内放入马铃薯或土块，做磨粉的游戏。但是很快他们就觉得放入柔软的东西没意思，便改放小石头，石头在水车的转动下互相摩擦出美丽的火花。大家都觉得很好玩，玩了一会儿就回家了。但是这些孩子犯了一个很大的错误，他们忘了把水沟重新疏通开，导致附近低洼的农场一夜之间就变成了"汪洋大海"。农场主知道缘由之后，怒气冲冲地跑到学校告状。

亨利还做过利用蒸汽旋转马达的实验。他把马达安置在学校的篱笆下，虽然马力不大，但是能在一分钟内转3000次，速度很快。然而正当大家忘我地做实验时，马达突然当场爆炸，篱笆被烧着了，爆炸的碎片割伤了亨利的嘴唇，更悲惨的是，一块大碎片扎进另一个小伙伴的肚子里，使他当场身亡。事后亨利的父亲把篱笆修好，也没有过分责备亨利，只是平静地告诫他说："以后再做这种游戏要多加小心。"父亲并不想因为这次的事故给亨利留下心理阴影，扼杀他善于创新的天赋。

亨利的实验没因此而中止，后来他又在学校后面的小房子里做炉子实验，让辗谷机的动力产生的风进入炉中，利用下课时间把一些玻璃瓶和玻璃片熔毁，然后又利用手制模型做成各种有趣的形状，甚至有时还熔化黄铜。

亨利的卧房就是他的小工厂，他经常在寒冷的夜晚专心致志地研究各种机械，只在地上放一盏油灯用来暖脚。他自己给自己做玩具，而且特别喜爱装有机械的会动的玩具，以至于当他的弟弟妹妹有新玩具时，别人都会说："千万别让亨利看到，否则他一定会把它拆掉的。"玛莉也经常笑着说："亨利是天生的机械匠。"

亨利之所以对机械感兴趣，是因为田里的劳动太过繁重。他想要做出便捷有效的机械来代替人力，节省时间，收到事半功倍的效果。这种愿望一直促使他不断开拓创新，但在他最初的构想里，他最想做的应该是制造农耕机而不是汽车。

身为农家子弟，亨利对农事毫无兴趣，他的父母也不因此而责备他。他的快乐幸福的生活一直持续到 12 岁的时候。亨利 12 岁时，作为一家支柱的玛莉因病去世，从此家就像一座没有上紧发条的钟，显得松散，不复往日的欢乐景象。

外面的世界

除了母亲的去世，那一年还发生了三件事，影响了亨利·福特的一生。7 月，亨利·福特随父亲坐马拉的货车到底特律。这次出门让亨利大开眼界，他生平第一次看到用蒸汽推动的车子，那是不需要靠马而能自己行走的车子。亨利惊讶得几乎跳起来。这种利用引擎本身的力量行走的车，激发了亨利无穷的想象力。

道路狭窄，蒸汽车停下来想要马货车先过，亨利借此机会跳下马货车，向开蒸汽车的人请教了许多问题。驾驶先生耐心地回答这个好奇少年的问题，亲切地把车子的性能、操作方法告诉他。以前亨利只知道引擎是装置在地面上作为脱谷机的动力，用完之后需要放在马车上运往另一个地方。

这是一辆牵引式的蒸汽车，在引擎和前车的后轮之间有一条铁链，这样引擎旋转时就可以带动车轮，让车子前进。后面跟着运载水槽、煤炭的货车，有点像蒸汽火车头在平地上行走。

第二件事，就是亨利在生日的时候收到了一块怀表。这是他第一块属于自己的怀表，他迫不及待地把表拆解，然后又组装成原样。经过反复几次的拆装后，亨利了解了钟表的构造，以后再遇到钟表故障的时候，他都能用简陋的工具把它修好。

有一次，亨利的一个小伙伴正戴着怀表扬扬得意的时候，怀表却突然坏了。亨利检查了一番，很轻易地就把表修好了。这件事很快被邻居们知道，每当他们有钟表出现故障了，都送来找亨利帮忙修理，亨利很高兴，这样就能让他在实际工作中获得更多有关钟表的知识。

亨利·福特的机械知识多半都是从自己钻研和实践中得来的。就像是书本对于写文章的人而言是最重要的思想宝库，对机械匠而言，机械就是他知识的主要来源。利用从机械上得来的知识制造出新的东西，这就是亨利所理解的机械技师的职责。亨利总是能把故障的钟表修好，邻里间因此出现了一句玩笑话："当亨利走近时，钟表都会颤抖。"

第三件对亨利影响非凡的事，就是庆祝美国独立一百周年的博览会。博览会为期六个月，是在颁布《独立宣言》的费城举行的。亨利的父亲和几个邻居一起去参观，并把详细的情形讲给了亨利，尤其是机械馆的情形。

作为博览会的第二大馆，机械馆中央装有一个圆筒形的直径一米多的汽缸，还有一个高达 12 米的蒸汽大引擎，汽缸是引擎的重要部分。当蒸气进去时，活塞就会在压力的作用下作往复运动。还有用汽油作动力的引擎，当汽缸内的气体膨胀时，也会让活塞作同样的往复运动。

亨利从父亲那里了解到，机械馆内除了蒸汽大引擎外，还有蒸汽钻、蒸汽车床以及蒸汽整地机等机械，再加上七个用气体为动力的马达，让所有的观众都大为震惊。亨利也因此心潮澎湃，不由在心底暗暗说道："机械时代要来临了。"虽然随着年龄的增长，亨利在田里帮忙的时间也随之增加，但是他时刻都想脱离农场，进入机械的领域中大展拳脚。

等到亨利·福特长成一个 16 岁的少年，他终于下定决心离开家，到底特律去闯荡一番。底特律离亨利家不到十千米，亨利从前经常到那里去贩卖农产品和买钟表零件，所以对这个城市很熟悉。虽然他的父亲一直希望亨利能继承家业，留在农场做事，但毕竟亨利的心不在这上面，所以父亲对他的决定既不反对也不赞成，他觉得亨利到都市工作几年后，一定会厌烦那里的生活而回到农场来。但是亨利已经等不及去认识外面的世界，他要到一家汽车制造公司工作了。

在实践中学习

当时的底特律人口不满 12 万，工业很发达，拥有大大小小的工厂约 100 家，亨利要去的公司规模很大，员工人数将近 2000 人。亨利在这家公司工作得并不顺利，其他员工需要花费好几个小时才能修复的机械，他 30 分钟就弄好了，所以亨利遭到了很多人的嫉妒，他无法忍受这种环境，只工作了六天就辞职了。

一次，好几个熟练技工在处理一个机械故障，修理很久都没有结果，亨利一看就知道毛病出在哪里，开始的时候他只是站在旁边看，后来那几人实在不行了，亨利就说："让我试试看吧！"亨利很快就把故障弄好了，转身却看到厂长很不高兴地瞪着他，亨利无奈，只好趁着未被开除前自动辞职。

辞职后的亨利又找到了一份在机械工厂的工作，这家工厂的规模虽然小了一些，但却让亨利学到了各种机械知识，不过这家公司的薪水只有先前的三分之一，亨利连房租都付不起，只好想办法兼差赚点外快，生活得很辛苦。还好他租的房子附近有一家钟表店，亨利要求老板给他个机会，让他在那里修理手表。起初老板看他年纪小而不信任他，直到亨利修理了两个钟表给他看后，老板才答应雇用他，一个晚上给他 50 美分的薪资。不过为了不影响店的信誉，怕客人看到小孩子修表而不信任，亨利被安排在一间隐蔽的小屋中工作。

自从兼职修理钟表后，亨利的生活就得到改善了。白天在工厂做事，晚上修理钟表，每天的生活都很忙碌，但亨利依然觉得很快乐。每天从早到晚为工作动脑筋，他觉得这是理所当然的事。如果像别人那样下班后就忘掉工作，结果只能是屈居人下，被别人利用而度过一生，永远都没有出头之日；如果要想出人头地，就要把下班的铃声当做是一种提醒，一种"使用脑筋的时刻到了"的提醒。亨利·福特认为，成功者就是能把工作做好，并具有丰富和灵活的思考力的人。

在百忙之中，福特还订阅了英国的《世界科学杂志》。这本杂志的内容让他受益匪浅，上面有关于汽油引擎的详细描述，也让亨利知道了改良的气体引擎两年前已经在美国开始制造的消息。这个气体引擎所用的气体与瓦斯灯一样，但发动引擎的力量却不如蒸气，所以排除了用气体引擎制作交通工具的想法。

当时底特律的见习生大都会在一个工作岗位待上四年之久，亨利认为这样就无法吸收更多机械方面的知识，为了获得更丰富的经验，亨利在机械工厂工作九个月之后便离开了。紧接着，他又进入了薪酬更低的船舶修理厂工作。

亨利在船舶修理厂得到上司的赏识，并被分派到他最想去的引擎部门，而且很快就升为正式员工。在这里，领导对他很满意，前辈们对他爱护有加，让他很感动。有一次，亨利工作累了，就地坐下来休息一下，这时厂长走进了机房。其他正在休息的人一看厂长来了，连忙起身做出工作的样子，而亨利觉得自己的工作做完了，就继续坐在那里休息，不理会厂长。厂长看他很悠闲的样子，微笑着说："看我来了却不装出认真工作的样子，这是很诚实的行为。和那些看到上司便慌慌张张起身的人比起来，我更喜欢你这种坦然的态度，你再休息一下吧。"

还有一次，亨利扛着笨重的工具，摇摇晃晃地走下很陡的楼梯，一位叫做卡比的技师看见了，便责备他说："你应该一只手抓住栏杆，否则一不小心就会跌死。"第二天，亨利扛着笨重的工具下楼，没想到就跌了一跤，还好他照着卡比的话去做，否则一定会伤重而死。从此他就把卡比技师当成救命恩人。

卡比教会亨利许多有用的东西，对亨利以后的人生有很大帮助。后来亨利创建福特公司的研究所，把卡比技师的名字刻在了墙壁上，旁边还有伽利略、牛顿、爱迪生等伟大的科学家的名字。

由见习生升到正式员工之后，亨利的薪水也有所提高，但他仍然没有放弃修表的工作。由于亨利·福特的努力和天分，不满 20 岁的他就已经是个修理怀表的专家了，于是他就生出了制造廉价怀表的念头。

亨利大概估算了一下，如果一个月制造 2000 块表的话，每块以 30 美分的低廉价格就可以赢利。亨利越想越兴奋，晚上就在租来的房间窗户旁装一个虎头钳，开始了研究新机械的工作。但是没过多久计划就被迫中止，当时一个住在隔壁的教师提出抗议，说锉刀的声音影响了他的休息。而且一个月 2000 块表的工作量实在是太大了，事实上，也没有那么多的需求，能不能卖出去还不知道呢。

亨利在 20 岁那年辞去了船舶修理厂的工作，有了丰富经验的亨利又找到了一份引擎制造工厂的工作。他还经常去实业学校上课充实自己的知识，有时也被父亲叫回家帮忙农事。这段时间，亨利开始考虑制造新的引擎。

告别乡村

在亨利 21 岁的时候，他认识了 18 岁的克拉拉。那是一个冬天的晚上，亨利去参加一个热闹的舞会，邂逅了美丽可爱的克拉拉。她是附近一个农夫的长女，长相甜美且个性坚强，让亨利一见倾心。

亨利向克拉拉说了很多有关机械的事情，还把将来想要制造新机械的计划告诉她，克拉拉很认真地倾听。有时亨利向朋友借引擎犁田，用完之后要送还引擎，亨利就邀请克拉拉和他一同前去。这时候亨利·福特就认定了克拉拉为自己的妻子，要和她共度一生。

1888 年的早春时节，亨利和克拉拉一起步入了婚姻的殿堂。父亲给了他们一片 32 万平方米的森林，这对新婚的小夫妻就暂时以务农为生。克拉拉绘出房屋的设计图，亨利负责建造房屋，不久，他们的新居就落成了。他们砍伐树木，耕种田地，但是亨利并没有放弃他的机械研究，他在房子后面辟建了一个工作场所，用来做各种引擎和机械的实验室。

和他们居住的房屋相比，亨利的工作场所设备要完善得多。那里可以做很多实验，有时他也会替邻居修理一些农具，偶尔制造一些引擎，随后又拆掉。亨利曾制造过一辆蒸汽机车，只不过车子的速度很慢，而且只能走 12 米。

美国的工业在蓬勃发展，钢铁业越来越发达，铁路长度也在不断增加，石油精制技术也日趋完善，还有电灯、电话等发明相继问世，这些让美国成了世界上的工业大国，并朝着世界第一的目标迈进，尤其是汽油引擎的先进程度，已经举世公认。汽油引擎和蒸汽引擎最大的不同，就是汽油引擎不需要很大的气缸，所以更适合使用在要求速度的小型机械上。

在这种时代背景下，亨利无法满足于过着实验与修理机械的悠闲生活，他想要一展所长，便向克拉拉说出了要用汽油引擎制造一辆自动车的计划，克拉拉很惊讶地问："真能做出这种车吗？"

亨利要克拉拉拿出一张纸，详细地讲解给她听。亨利把构想中的车体形状画出来并作出说明，克拉拉很快就明白了，并且鼓励亨利去实行计划。

要实行这项计划，亨利还需要具备电气方面的知识。亨利思虑再三，决定到"爱迪生电灯公司"的底特律分公司工作，只有那样才能尽快地学到有用的电气知识。亨利把这个想法告诉克拉拉，她惊讶得半天说不出话来。

要离开他们一手建立的家，一手开垦的土地，还有这里的许多亲朋好友，关键是放弃家园和土地之后，到陌生都市谋生活的风险，都让克拉拉一时间难以接受，但是她考虑一

亨利·福特与夫人

番，还是决定支持丈夫的决定，同意立刻到底特律去。她对亨利的能力和计划充满信心，说道："就依你的计划去做，我们赶快准备搬家吧。"

1891 年 9 月，亨利和克拉拉告别了农村，到底特律开始另一阶段的新生活。

学无止境

那时候底特律的交通工具仍是马车，大街上马蹄和马车的吱嘎声很具有节奏感，与当地古老的建筑风格倒是非常相称。那里最新的交通工具就是脚踏车，高高的后轮比前轮小，后面还装有两个小小的补助轮，就像今天小孩子的脚踏车。不过亨利·福特搬到那里不到两年，电车就出现了。

在底特律安顿下来后，亨利·福特就立刻前往"爱迪生电灯公司"，在那里他遇到了一位年迈的人，亨利便上前询问这里的负责人是谁。

"是我。"原来他就是这家公司的经理。他问亨利有什么事，亨利直言相告，说自己是一个技术员，想要到这家公司工作。

"你有专长吗？"经理问道。

亨利自信地答道："只要同龄人能做的事，我都有信心不会输给任何人。"

经理向他点了一下头，接着说："在一个礼拜前，有个部门发生了意外事故，并且有受伤甚至死亡的人，如果你愿意到那里的话，我就雇用你。"

亨利不敢存有更多的奢望，只好答应留下来。他每天的工作时间是自下午6点到晚上的12点，负责夜间的勤务工作，月薪40美元。

亨利到爱迪生电灯公司上班后不久的一个晚上，公司的蒸汽引擎出现了故障。引擎一旦停止，就无法继续供电，经理为此大伤脑筋。亨利原本就对引擎很有研究，这时便抓住机会毛遂自荐，并立刻把引擎修复好了。经理非常满意，便把他的薪水又提高了五美元。从此以后，亨利的工作进行得十分顺利，不断晋升，两年后就成为了主任技师。他们的生活也逐步安定下来，亨利也不再像从前那样忙碌了，但是他仍然坚持每晚下班后，都到实验室中进行研究工作。

亨利的实验不断地失败，但是他一点也不灰心，屡败屡战。他能够找出每次失败的原因，然后总结经验，下一次的时候加以改进，只要有进步，他就保持愉快的心情。亨利觉得实验就好像运动选手参加比赛前的热身运动一样，而他的目标就是要制成一辆"自动马车"。

对自动车感兴趣的并不是只有亨利一人，在他埋首设计"自动马车"的这段时间，也有其他发明家进行过各种尝试。大约比欧洲稍晚几年，柴里斯及富兰克·杜里兄弟利用脚踏车零件制造出了美国第一辆"自动马车"，它的出现大概比欧洲晚几年。这辆车于 1893 年的夏末出现在了公众的面前。

杜里兄弟和其他发明家的实验并没有让亨利感到紧张，他镇定自如地进行着自己的实验，因为大部分人的实验都还停留在初级阶段，他们所制造出来的车子技术还都不成熟，需要改良的地方很多；而亨利立志要制造的车子，是他们的产品所不及的高性能"自动马车"。

虽然亨利的薪水在增加，但是他的实验室的花费也越来越大，克拉拉每天都为了缩小开支而精打细算，亨利也为了节省实验费用而尽量寻找便宜的材料，或把废物加以利用。接下来，他要开始进行汽油引擎的实验了。

引擎内部有一个叫做"曲柄"的部件，它能起到把活塞的往复运动改变为连接车轮的旋转运动的作用。然而要做到调整曲柄，就必须使笨重的整速轮旋转起来，于是亨利把旧车床的把手改制成了整速轮。

临近圣诞节的一天，一个修理汽缸的工匠到电灯公司修理汽缸，他想修好汽缸后直接上街购物，但又嫌带来的长管很不方便，打算把它丢弃，亨利立刻向他要来那根长管，剪短后就可以成为很好的汽缸材料，这样一来，汽缸的材料也顺利地找到了。

汽车梦想

自动车问世

1893 年的圣诞夜，一家人吃了一顿温馨的晚饭。然后克拉拉就开始在厨房忙碌，整理碗筷，准备明天的饭菜，她总是把家中的一切都打理得井井有条，从不让亨利分心。两个月大的埃兹尔很快就在房里睡着了。

亨利吃过饭后，仍然像往常那样去房屋后面放煤炭的工作室里，他打算今天完成一个简单的汽油引擎的制作。但是他遇到了一个难题，要把汽油灌进引擎，并旋转引擎的整速轮来发动引擎的作业，亨利无法一个人完成这项工作，只好把引擎搬到厨房内，安置在厨房的工作台上，然后请克拉拉帮忙。

亨利对克拉拉详细说明了灌入汽油的方法，然后克拉拉小心翼翼地把汽油倒下去，亨利再旋转整速轮。汽油和空气在汽缸中混合，导致引擎发出声音，就像咳嗽一样。亨利又再次旋转整速轮，激动人心的事情发生了，引擎终于活动了，连厨房的工作台也随之震动。引擎不断地冒烟，克拉拉怕埃兹尔吸进喷出来的烟而生病，急急忙忙到隔壁房间查看，小家伙正睡得香甜。亨利一直注视着引擎,它转动得很有力度,亨利把引擎关掉,这个实验就相当于成功了。

亨利不想重复做同样的实验,他认为把明知会成功的实验再做一遍就是得意忘形,是沉浸在成功的满足当中,这是很没有意义的事。亨利很清楚下一步要做的就是设计一个马力更强大的引擎,这样一来,"不用马拖的车"就可以成为现实了。

在亨利进行"自动马车"的研究时,曾得到很多优秀人才的帮助,他们都是一流的机械工程师,亨利很尊重他们,认真考虑他们的建议,这些人包括汽车发明家金恩、金恩的助手巴希尔,以及爱迪生电灯公司的同事等。尤其是比亨利小五岁的金恩,他非常熟悉"自动马车"的实验进展,经常对亨利提出建设性的意见,并不断鼓励亨利。他还告诉亨利,杜里兄弟组织了世界上第一个"汽车制造者联盟"。那时金恩同时担任芝加哥新闻社主办的美国第一次赛车的裁判员。

说起来,这是一次非常有趣的赛车,全程为 85 千米,举办时间为 1895 年的初冬。当时路况很坏,天上还飘着雪,只有六辆车参加了比赛,后来又被淘汰了四辆,只剩下两辆车继续坚持,那就是杜里兄弟的车和纽约制的改良宾士车。那时的赛车,每一辆车上都要坐一个选手和一个裁判,金恩就坐在宾士车上。如果车子抛锚了,选手和裁判员就要下来推车。

由于过度疲劳和天气的恶劣，金恩那辆车的选手竟体力不支晕倒了，金恩无奈之下，只得一手操纵方向盘，一手抱着昏昏沉沉的选手，在夜里黑暗的路上摸索前进。比赛终于结束了，杜里兄弟不出所料地赢得了第一名，以 10 小时 23 分跑完全程。而金恩则在两个小时后才抵达终点。后来新闻社打算把第二名的奖金颁给金恩，金恩坚决拒绝，一直强调自己是裁判员。

　　第二年 3 月，金恩制造的汽油车在底特律问世，这是最早的汽油车，金恩怕惊动市民，不敢白天试车，只好在底特律夜晚的马路上，以每小时八千米的速度缓慢前行。亨利也是生平第一次看到汽油车，金恩在前面试车，亨利就骑着脚踏车跟在后面，认真地观察这辆"不用马拖的车"到底是怎样运行的，一直到弄清楚为止。

　　也许是因为形状很像货车，速度也很慢的缘故，金恩的车并没有得到很好的评价，但是金恩激动地发表声明说："伦敦和巴黎已经很流行不用马拖的车了，底特律在不久的将来也会随之跟进，不用马的车子肯定会成为我们的交通工具，马车必将被淘汰掉。"

　　亨利听到金恩的话后备受鼓舞，继续埋头苦干做研究。亨利已经是公司的主任技师了，要时刻注意着电的安全问题，不能有丝毫的松懈，傍晚回家后，还要马上去工作室做实验，直到深夜甚至凌晨才能休息，公司的同事们都很纳闷，不知道他什么时候能够睡觉。

亨利并不是喜欢熬夜，只是一遇到让他感兴趣的环节就欲罢不能。研究一天天的进行，结果也带给亨利很大的信心，他相信只要努力，就一定会有成功的一天。他的妻子克拉拉也不断地给他鼓励，她始终确信亨利一定会成功，一直都在他的身边支持他。

在金恩的车子问世后的第三个月，也就是5月底，亨利已经接近胜利了。接下来的几天里，他和助手几乎不眠不休地工作着，6月4日上午3点钟，亨利终于完成了他长期以来的愿望，"不用马拖的车"终于被他制作出来了。

亨利的车和其他"不用马拖的车"很不相同。整个车子的大部分都是用木材制成，从外形上看，要比金恩的车子小很多，重量当然也比过去其他的自动车减轻很多，甚至拆下马达就可把整辆车抬起来。车轮采用和脚踏车一样的空气轮胎，座位也是采用脚踏车的坐垫，不会给人"货车"的感觉。毕竟这是第一辆车，设备还很简陋，没有装置车灯，也没有刹车装置，警笛是用铃做成，铁制部分的材料大多是亨利买来的，而其他一些小部件，如把手等，亨利都是尽量自己制作。

这辆车的引擎为四马力，有时速15千米和30千米两段变速。因为没有刹车装置，要停车的话必须得把引擎完全停止。倒车需要下车来推。

车子制作成功，亨利便迫不及待地想要到外面试车，随后就发现了一件让他哭笑不得的事，由于这辆车子是在放煤炭的房间内制造的，整辆车要比房门大很多，亨利才开始意识到车子出不去门了。激动不已的亨利顾不得房子了，他拿起身边的斧头，敲破砖壁，直到能使车子通过为止。当时外面正下着大雨，一直陪伴在亨利身边的克拉拉便跑进房屋去拿伞。

亨利兴奋地冒雨把车子推到外面，把变速挡放在空挡，旋转曲柄，引擎便转动了起来。亨利跳上车座，握着把手，把变速挡放至低速，车后立即喷出很大的烟雾，车子也缓缓地走过人行道，上了马路。助手骑着脚踏车在前面开路，告诉街上的马车，"不用马拖的车"来了，大家要注意安全。

车子在途中出现了故障，亨利连忙跳下来检修，附近旅馆内好奇的人们都蜂拥过来，围着亨利的车指指点点地问："这部奇怪的机械是什么东西呢？"

还有人很不以为然地说："我不明白怎么会有人愿意把时间、金钱浪费在这种事情上。"

亨利处理好故障后，便得意扬扬地离开那些好奇的人，快乐地回到了家。也许是太兴奋的缘故，亨利只睡了很短的时间就醒了。

虽然试车的距离很短，中途还出现了故障，但是这样的成果足以让亨利感到欣慰了，他计划了好几年，制作过程花费了几个月，每晚都泡在实验室里做研究，才有了如今的成果，虽然还不够完善，但是亨利坚信它可以跑得更远。

试车后，亨利平复了一下激动的心情，开始着手修补刚才为了要推出车子而被凿破的墙壁。正当他要去请工匠时，房东却刚好跑来收租金，看到残破不堪的墙壁，房东非常生气，亨利连忙向他道歉，一再保证说："我一定会负责把它修好。"

房东不理会亨利的道歉，愤怒地质问道："你为什么要弄坏我的墙壁？"

亨利说："我要把车子推出去，不得不这样做，那个门太小了。"

房东听了露出惊奇的神情，疑惑地问："你的车子？在哪里，让我看看吧。"

亨利带着房东去看那辆"不用马拖的车"，房东震惊得完全忘了墙壁的事了，过后也只是用一种平静的口吻说："还是算了吧，如果把墙壁修复回原样，以后你的车子放在哪里呢？不如就干脆把这个洞改成一个门，车子出入就方便了。"

房东的建议让亨利很高兴，他立刻开始改建，实验室又兼做了库房，这大概就是美国最早的车库了吧。

有一天，亨利带着妻子和孩子乘坐自己制造的汽车到父亲的农场去。亨利的父亲好奇地打量着车子，仔细听亨利给他讲解制造的过程，心中觉得很新奇。但是当亨利邀请他坐坐看时，他却一口拒绝，说："如果为了寻求刺激而坐这种车，最终不幸丢了性命，是件很不值得的事。"

看到原本年轻有为的儿子坐在"不用马拖的车"上扬扬得意，亨利的父亲深感惭愧，邻居们也纷纷对父亲表示同情。最终，父亲也没有坐上车子，亨利失望地离开了农场。

亨利的车行驶在底特律的街上，引起了一阵又一阵的骚动，路人看到车后纷纷投来惊奇的目光，马看到车后就会慌张。骚动最终引来了底特律的市长，他看到亨利的车子时，毫不理睬市民的陈情，反而力排众议，颁给亨利一张驾驶执照。这大概也是美国的第一个驾驶执照了。

　　大家对这种不需要马拉的车子越来越好奇，每次看到亨利的车子就有人禁不住议论纷纷。当亨利把车停下来时，马上就会有一群人围过来观察一番，亨利一离开车子，就会有人企图爬上去发动它，无奈之下，亨利只好用铁链把车子系在电线杆上。当亨利开着车子去市郊时，经常有许多人骑着脚踏车跟在后面，最多的时候甚至有五十多辆。有一天，亨利为了甩开那些跟着的人，只好在一个转弯处时全速开进一个敞着大门的马厩里，然后立刻把门关起来。那些人找不到车子，都奇怪地问："不用马拖的车哪里去了？"亨利就故意随手一指说："到那边去了。"那些骑自行车的人终于离开了。等那些人都走了，亨利还是不敢开车，只好走路回家了。

　　还有一次，亨利和克拉拉开车去兜风，有一个骑着脚踏车的男孩好奇地跑在了前面，一不小心跌到亨利的车下面了。亨利吓了一跳，赶紧从车上跳下来查看，还好男孩没有受伤，亨利心中松了一口气，一次汽车事故就这样有惊无险地过去了。

　　8月的时候，"爱迪生电灯公司"一年一度在纽约举行的大会即将开幕，亨利以密歇根州代表的身份前去参加。电气发明大王爱迪生也出席了大会后的晚宴。大家在晚餐会上聊起了当时的热门话题，有关电气汽车的事情当然也是众人讨论的焦点，这时，密歇根州的首席代表对爱迪生说："在座就有一位制造汽车的青年。"说着就把亨利·福特介绍给了大家。

在场的人都惊讶地向亨利看去，并提出许多问题，爱迪生也是提问者之一，亨利耐心地回答大家的问题，最后发现他和爱迪生两个人竟不知不觉地坐在一起了。亨利在菜单后面画图讲解他的车子，解说完毕后，爱迪生激动地用力拍桌子，连餐具都被震动了，他说："真了不起，你干得好！制造用燃料为动力的自动车，你继续努力下去吧。"

受到了当时世界上最伟大的发明家的赞美，亨利感到很高兴，对自己的实验更加有信心和勇气了。回到底特律后，亨利便开始研究新车，为了筹得经费，亨利只好忍痛割爱卖掉了旧车。这辆辛辛苦苦制造成的第一辆车，对他来说已经没有什么意义了，他要制作出更完善的车。

开办汽车公司

虽然那辆旧车的买主对车的性能很满意，但是亨利很清楚，一号车的缺点不胜枚举。它形体太小，好像一部大型玩具，车轮也有待改良，很多地方都需要加强。例如，把液体汽油改为气体的汽化器，以及引擎动力传达到车轮的转动装置等，都可以做得更完善一些。亨利在前往纽约参加"爱迪生电灯公司"大会的时候，曾经特别留意其他的自动车，尽管亨利看到了从未见过的宾士车，却没有发现什么特别值得参考的地方。

为了改进一号车的缺点，亨利整整做了三年的研究。他反复地拆掉和重做，不断摸索，实践了所有能想到的构想，这时他已经有了一名助手，生活也不像以前那样艰苦，但是亨利的实验需要不断投入经费，爱迪生电灯公司的薪水也不能满足亨利的需求。实验使亨利一家的日子都很艰难，不管亨利的薪水涨多少，他们一家都过着捉襟见肘的日子。夫妻二人尽量给埃兹尔买想要的玩具，可有时实在穷得买不起，有一年的圣诞节，埃兹尔给圣诞老人写了一封信，信中写着：

圣诞老公公：

　　圣诞节到了，可是我家没有圣诞树，只有一棵旧的，上面的装饰还是坏的。您能送我一双溜冰鞋和一些书吗？当然，如果您有更好的东西，也请您送给我吧。再见。

埃兹尔·福特

这封充满渴求的信被亨利看到了，他的心里很难过。不仅他的家人生活很拮据，亨利甚至都付不起为他工作的人的薪水，他只能跟大家作出承诺："请各位记录好自己所做的工作，以后我一定会好好酬谢你们。"亨利一直都谨记着他自己说过的话。

1899 年，亨利终于完成了第二辆车的制造。底特律的报纸对此进行了特别介绍，二号车和一号车比起来，外形上改变很大，车体和车轮都被加大了，但仅仅是形状上的加大，重量却比欧洲先进的汽车还轻，可以承载两个人。这辆车不会有汽油味，车体的震动度也不大，引擎发动时的噪声也比先前小很多，是一辆性能优秀的新型车。

亨利并不满足于实验性地把汽车制造出来，他希望能迅速制造许多汽车，让汽车成为广大群众的交通工具。要实现这个理想，亨利必须筹募资金，兴建工厂，创办属于自己的公司，他不希望自己像杜里和金恩那样，只能做一个汽车发明家或技术专家。二号车的成功燃起了亨利对制造汽车的希望，他立刻就为筹备公司的事宜到处奔波，四处游说富有的商人们给他投资。

有一天，一位富有的底特律木材商听了亨利的计划，思索了一会儿，说："福特先生，先让我试坐一下你的车子，再考虑看看好吗？"

"好的，请你上车吧。"商人在亨利的陪同下上了车。他仔细观察了车子的性能、汽油的消耗量，以及马路状况等相关情况，权衡再三后，终于下定了决心，对亨利说道："很好，福特先生，我们可以共同组织一个公司。"

在亨利的奔走之下，这一年夏天，数十名实业家出资成立了底特律汽车公司，亨利担任制造部门的负责人。但随后他又面临一个棘手的问题，那就是亨利原本是爱迪生电灯公司的主任技师，他要担任底特律汽车公司制造部门的负责人，就无异于"脚踏两条船"，这种做法是不合理的。而此时电灯公司的上司们也因为亨利只造汽油车，不造电动车的事深感不满，亨利不得已只好离开已经待了八年的爱迪生电灯公司。亨利之所以辞职，还因为他对汽油车的前途充满信心，从此以后，制造汽车对亨利来说，已不再是单纯的消遣和兴趣了，那将是他一生唯一的事业。

底特律汽车公司成立后，大家经过一番商议，决定先不制造一般坐车，先开始制造卡车。亨利这样决定，是因为想让大家明白一件事，那就是汽车不是有钱人游乐的工具，他希望大家能够把汽车当做一种普遍、优良的交通工具。

第一辆卡车完成后，亨利先邀请新闻记者试坐。亨利往油箱内装满汽油，并告诉记者们说："只要花一分钱的油，就可以让这辆车行驶 1500 米。"然而记者们并没有认真听亨利的话，第一次坐车的他们都在恐惧，频频地问："油箱会不会爆炸？"

当亨利打开电气开关，记者们听到了引擎发动的声音，一个个惊讶不已，他们似乎无法相信这个事实，纷纷问道："没有火柴也能发动引擎吗？"

　　当时天气寒冷，道路上还积着雪，风呼呼地刮着，卡车就在这样的环境中前进，不久就来到了崎岖不平的路上。卡车没有像电车那样颠簸，记者不禁竖起大拇指，连声称赞这种卡车。亨利很快就将车子开到了柏油路，他对那些记者说："请大家抓好扶杆，我要加快速度了。"

　　记者纷纷问道："速度有多快？"

　　"时速 40 千米。"

　　记者们一听心中很害怕，纷纷要求亨利把车停下，让他们下车。亨利并没有在意记者们的请求，开始加速前进，记者们感觉似乎没有什么危险，一会儿就都冷静下来了，亨利心情很好，就连引擎发出的声音在他听来都非常悦耳。卡车经过一辆马拉的货车，记者感叹地说道："这样一来，以后就不需要使用马车了。"亨利很高兴地说："是啊，马也不用那么辛苦了。"

　　亲身体验过的新闻记者们回去后，就大力报道底特律汽车公司的车，把"在零度下冰冻的马路上，卡车跑得比赛马更快"的大标题放在了最醒目的位置，以三栏的篇幅进行详细报道。其中有一段非常有趣的文字：

　　　　当文明的历史将要改变，新的时代马上就要来临的时候，我们总可以听见代表该时代的声音。

　　　　古时候，野兽的声音占据了整个世界，然后才有人类的声音、火的燃烧声和石斧的敲击声；紧接着就是罗马军船的摇桨声、海风吹打帆柱的声音；然后就是轰隆的枪声和炸弹爆炸的声音；今后的两百年间，我们将听见蒸气的响亮汽笛声推进时代的文明。

今天，奔跑在底特律街上的最新交通工具的声音，它正向我们宣告，一个新的文明已经来临。

底特律汽车公司所制造的坐车外形都很美观，而且坚固耐用，容易保养。唯一的不足就是所用的马达还不够好，但它的汽化器和传动装置在当时已算是性能最好的了。

但是公司在运营的过程中也有很多困难和漏洞。所有的员工中，几乎没有一个人具有制造汽车的经验，再加上不容易买到需要的零件，买到的也都是品质不良的，有时就因为缺少一个弹簧或一个小小的齿轮，延误了整个制造工作的进行。更重要的是，各大股东都是为了利益才投资的，完全不管车子的品质，所以公司的营业部门也只顾眼前利益，一味地要求速度，拼命催促赶快使生产上轨道。但是亨利无法忍受这种态度，他知道这样做出来的卡车和坐车的缺点都是不能忽视的。他不想仅仅为了赚钱，就这样继续生产下去，拿连自己也不喜欢的汽车卖给别人，所以底特律汽车公司成立一年后就解散了。这一年里，这家公司一共生产了20辆汽车，这在当时已称得上是业绩辉煌了。

赛车冠军

在底特律汽车公司失败后，亨利并没有气馁。他想要再制造出更好的汽车，并在技术上获得人们的好评，以便早日成功创建一家汽车公司。为此亨利想出一个一举两得的办法，那就是设法赢得汽车比赛。参加比赛的汽车不需要考虑外形美不美观的问题，而且构造也比一般车子简单，更重要的是，这样能够证明汽车的性能是良好的。当时赛车在欧美地区很流行，亨利觉得只要在赛车时得胜，他的车就能获得大家的关注和肯定，开办公司就有希望。因此，亨利下定决心要制造一辆世界上最坚固、速度最快的竞赛用汽车。

亨利和巴希尔花了很长的时间来研究各种汽车杂志，衡量各种类型的竞赛用汽车的利弊，最后决定采用低长的车体，构造上也尽量简化。

1901年夏天，亨利完成了他的第一辆竞赛用汽车。车体依然很轻，构造也很简单，虽然只有25马力，但速度绝不会输给欧洲50马力的竞赛用汽车。亨利对试车的结果感到很满意，车子在直线跑道上的速度可达每分钟1.6千米，这是一个极佳的纪录。

当年秋天，底特律就举办了自动车比赛。比赛当天，现场人山人海，整个城市都因此而热闹起来，甚至连法院开庭的时间也因此而拖延，直到比赛结束，一切的秩序才恢复正常。比赛共有一百多辆汽车参加，这些汽车一辆辆地驶上马路，准备前往赛场，再加上人潮汹涌的观众，整个街道被挤得水泄不通，马车根本就没有办法上路了。比赛场地内已经坐满了8000名观众，他们都热切地等待比赛的开始。为了确保万无一失，亨利利用出场前的这段时间，最后对汽车做一番检查和保养。

第一个比赛项目是蒸汽汽车的8千米竞赛，第一名的成绩是每两分钟行驶8千米。紧接着就是电动汽车的1.6千米比赛，这种车的噪音很小，也不像汽油那样冒出浓烟，容易弄脏衣服，女士们很喜欢观看，不过竞赛成绩却很一般，1.6千米的路程足足行驶了四分多钟。

压轴的比赛项目就是亨利参加的汽油车16千米的竞赛。原本要参加比赛的车子就不多，只有三辆，其中一辆还在比赛前出现了突发性故障，不得已只好宣布弃权，比赛就只剩下了来自俄亥俄州克利夫兰的亚历山大·维顿和亨利两个人。

维顿是当时美国汽车界的名人，和亨利一样，他也是汽车发明家，同时也经营汽车制造公司，并且具有丰富的赛车经验。在比赛开始之前，维顿就开着他那辆40马力的车子，炫耀似的在竞技场上绕行三周，亨利的心中也不由有些紧张起来，信心也跟着动摇了，在心里暗暗地把这个人当成了劲敌。让亨利感到不安的是，他从未做过转弯练习，万一运气不好，可能就车毁人亡了。

亨利和维顿的车并排在起跑线上，当"开始"的号令一响，两辆车就同时冲出去。每当车子碰到转弯的地方，亨利就不得不减速行驶，当赛程进行到 4 千米时，维顿已领先 0.3 千米了。亨利告诉自己冷静下来，不能放弃，到了直线跑道后就加足马力拼命追赶，也许是因为亨利是底特律本地的选手，也许是因为他是默默无闻的新人，全场的观众都为他欢呼喝彩，加油鼓劲。

正当观众为这场精彩的比赛而兴奋时，维顿的车子突然发生了故障，亨利可以很清楚地看到他的车后喷出了一股蓝色的烟雾，维顿只好减速，慢慢向前行驶，而亨利便在热烈的掌声和欢呼声下，从容地超过维顿，得到了第一名。亨利还创出了 13 分 23 秒的纪录，这是一个非常不错的成绩。

当亨利在场上比赛的时候，克拉拉正在下面观看，她告诉亨利，当他获胜时，一个站在克拉拉旁边的观众激动地摘下头上的帽子把它抛向天空，当帽子掉到地面时，他又兴奋地用脚乱踩；还有一个观众更夸张，看到亨利得胜后，他就高兴地不断敲打他太太的脑袋。

然而亨利却觉得这场比赛是一次可怕的经历，他总觉得跑道旁边的栏杆就像横在他前面似的，感觉自己好像濒临死亡线一样，每次回想起来都心有余悸，他因此下定决心，再也不参加赛车了。

赛车胜利后，事情的发展都不出亨利所料，从前底特律汽车公司的几个股东，都纷纷回来找他，表示对亨利的技术和汽车前途又产生新的希望，计划要再成立一个新的公司。没过多久，这些人就重新聘用亨利担任主任技师，并用他的名字为公司命名，"亨利·福特汽车公司"最终成立了。

但是亨利在这家公司干得还是很不开心，公司的经营部门仍然只顾眼前的利益，收取有钱人的订单，制造价钱昂贵的汽车，把汽车变成了奢侈品，甚至出售亨利不满意的汽车。因为亨利不愿意依照那些股东的意愿去做，他们便聘请当时最有名的老技师亨利·利兰来指导亨利。利兰是个要求严格的人，他要求零件的制造必须达到十万分之一厘米的精确性，而亨利通常都是想到哪里就做到哪里，做不好时再重来。亨利知道自己的方式缺点很多，但他认为他和利兰都各有各的道理，公司和利兰都不能理解亨利的想法，他们在制造汽车方面给亨利设置了许多限制，让亨利觉得难以接受。亨利最终在第二年3月的时候离开了这家公司，但是他对汽车的热情没有丝毫的改变，他决定仍继续由竞赛用汽车做起。

这时，亨利认识了高高帅帅的机械设计师威尔斯，他对汽车的引擎很有研究，工作也非常勤勉。威尔斯每天的午餐都很简单，只需吃一点三明治、喝一杯牛奶，就可以专心致志地工作大半天。亨利觉得威尔斯和他很相似，他们都很重视实践操作。如果有人告诉他，书上刊载了一种新的技术，他总是说："一种新的知识从发明到刊在书上，说明它早已经成为了陈旧的资料，实用性就大打折扣了。"两个人志趣相投，威尔斯就成为了亨利的得力助手。

初春时节，寒意未消，亨利和威尔斯经常三更半夜还在没有暖气的工厂里研究。有时冷得全身麻木，连铅笔都握不住，那时他们就戴上拳击手套，做一些运动来暖和身体。

在二人的齐心协力下，两辆70马力的比赛用汽车终于在9月的时候制作完成了。这是一种前所未有的大型车，看起来就好像是"裸车"一样，从外面能看到各种机械部件。车子共有四个汽缸，发出很嘈杂的声音。亨利曾经用全速试车，那种感觉非常刺激，就好像经历一场大冒险一样。

亨利把两辆车分别涂成黄色和红色，一辆叫做"纺号"，另一辆叫做"九九九号"。九九九号是借用纽约中央铁路快车的名称，那列快车能够用很短的时间完成从纽约到芝加哥的行驶。

上次的比赛还让亨利心有余悸，很快又要在10月的时候迎来第二次比赛了，比赛地点还是底特律。亨利一直在犹豫，他周围的人都只是技术员，对赛车根本没有经验，甚至一窍不通；然而如果不参加赛车，这两辆汽车就无法扬名世界。正当亨利为这件事困扰的时候，一个叫巴尼的年轻人来到了他的面前，要求参加赛车。巴尼原本是脚踏车赛的选手，亨利还是有点不放心，问："你对开汽车有经验吗？赛车是件很危险的事情，你确定要参加吗？"

巴尼毫不犹豫地答道："没关系，我喜欢开快车，速度越快越好，让我试试好吗？"

巴尼坚决地要求，亨利只好答应让他驾驶"九九九号"去参加比赛。亨利一直为巴尼担心，直到比赛前，亨利仍然在劝说巴尼改变主意："在无意义的速度比赛中丢掉性命是不值得的，你最好慎重考虑。"

巴尼完全不理会亨利的话，全神贯注地检查车辆，为出场做准备。比赛要开始时，巴尼说："即使要死，我也希望能在快速中撞死。再见！"

比赛一共有四辆车子，包括要一雪前耻的维顿。赛程共计8千米。比赛一开始，四辆车就一阵风似的开了出去，不料维顿的车跑到4千米的时候又出现了故障，维顿十分不甘，一直挣扎到6千米的地方才宣布弃权。巴尼戴着眼镜，整个脸都是灰和油垢，他猛踩油门，遥遥领先，以最快的速度奔驰在像云层的灰尘中。当绕第四周时，其他车子都被远远地甩在了后面，甚至有的落后一周以上。最终亨利的这辆"九九九号"，以5分28秒的成绩刷新了纪录，获得冠军。巴尼一跃成为万众瞩目的赛车英雄，热情的观众把他围住并抱起来，一再地把他抛上去、放下来。后来巴尼对亨利说："你以制造汽车成名，而我却以驾驶汽车成名，但我觉得你更令人敬佩。"

维顿连遭两次失败，便懊恼地对外宣布，要设计一种超越九九九号的新型车。亨利充满自信地迎接挑战,宣布说:"如果维顿打破九九九号的纪录,我也要维护底特律的荣誉,制造一辆有很大汽缸的汽车。"

话虽如此,亨利却不再对制造竞赛用汽车感兴趣,他始终都想要制造一种妇孺都能驾驶,就像骑脚踏车一样方便的实用车。不久,他就得到一位新的支援者。

志同道合的伙伴

20 世纪初期,汽车价格昂贵,仍是一种稀有交通工具,远没有被普及。一辆美国自制的车大概要 5000 美元左右,而欧洲进口的汽车价钱都在 10000 美元以上,这样的价格,普通百姓是远远承受不起的。

尽管如此,美国的汽车工业仍然在蓬勃发展,全国各地建立了很多家汽车公司。在底特律,"亨利·福特汽车公司"开始主要生产性能好的高级车。到了 1904 年,曾经在底特律创立通用器材公司的威廉·杜兰特,也进入到了汽车领域,买下了别克汽车公司,并自任为董事长。几乎每天都有新的汽车公司在各地出现,不过大部分都难以维持长久,在成立不久后便倒闭了。

面对这种局面,亨利得出结论,不论是哪一种工业,若想要长久生存,就必须使产品都能销售一空。而如今大多数的汽车公司都只是面向少数的富人，只生产价格昂贵的汽车，到最后只能是亏损而被迫解散。渐渐地，大家也都看清了形势，开始致力于制造廉价的车子，努力使汽车成为大众化的交通工具，以便获得更广大的市场。维顿的公司后来制造的汽车价格在一千美元左右，底特律另一家汽车公司制造的敞篷车价格定在了 650 美元，这些车在当时都很畅销。

而亨利给自己制定的目标，是生产价格为 500 美元的汽车。他的理想是打造价廉物美的实用车。不但要价格便宜，还要减轻重量，坚固耐用，让各行各业的人都买得起。

1903 年 6 月，底特律的煤炭商马尔坎森给亨利投资了部分资金，创立了"福特汽车公司"。在马尔坎森的公司当经理的詹姆斯便被派到新设立的汽车公司来协助经营。詹姆斯和亨利、威尔斯相处得很好，三人成为了好搭档。威尔斯和亨利共同负责制造汽车的技术方面，而销售经营方面则由詹姆斯和亨利共同负责。威尔斯还设计出了福特公司的商标。

詹姆斯是个急性子，容易发怒，但工作起来非常勤勉，意志坚强。不过他一直对自己出生地的事耿耿于怀，他常说："我在英国领土出生，一辈子也不可能成为国王；但如果我在美国出生，说不定能有机会当总统。"

公司刚刚成立，只靠马尔坎森投资的资金显然不足以拓展公司的业务。詹姆斯和亨利就四处拜访可以投资的人。但是当时美国已有半数以上的汽车公司倒闭的事实，给游说工作增加了难度。而且当时那些濒临破产的汽车公司，卖掉股权后溜之大吉，把不合格汽车售给客户，严重影响了汽车行业的信誉，致使一些原本有意投资的商人望而却步，保持观望。

有一次亨利去从前工作过的"爱迪生电灯公司"，请求从前的上司投资，那位脑筋呆板的上司只是很不耐烦地说："我现在正忙着，没有多余的时间搞别的事情。"

詹姆斯那边也是收获甚微，碰了不少钉子。当某实业家断然拒绝他后，詹姆斯一筹莫展，在情急懊恼之下颓废地坐在马路边，差点哭了起来，他愤愤地说："我一定要把所能拿到、借到，甚至偷到的全部资金都投在汽车制造上。"

经过了诸多挫折之后，詹姆斯和亨利总算筹到了25000美元的资金。这些钱在当时而言，只是经营一个汽车公司最起码的本钱，但他们把每一分钱都用到了最需要的地方，没有丝毫的浪费，终于还是坚持了下去。

福特汽车公司最初的工厂设在底特律的麦克街，他们把租来的一家水库改建为二层高的厂房。房东曾极力阻挠，不允许他们如此改建，他说："改建为二层楼高，如果你们的公司倒闭了，我这栋房子就没办法再租出去了。"

亨利想尽办法终于说服了房东，厂房最终按计划建成了。工厂宽敞明亮，只是设备还不齐全，现有的也都很简陋，像车床和钻孔机等普通的机器也仅有十几部。威尔斯和亨利在众多来应征的人中精挑细选，最终确定了还不到十人的员工队伍。

要使汽车成为一般市民的交通工具，这是亨利制造汽车的主要原则。所以车体的大小必须能够多容纳几个人，以方便家庭出行，而且要设计简单，使那些开不惯车的人也能驾驶。重量方面，亨利一直都追求轻便，零件要用最好的，但价格要公正合理，要使那些有正当职业的人都能买得起。亨利希望福特公司生产的车，既能让一般市民用于工作，也能让他们载家人去郊游。

亨利三人全心全力地工作着，早上还不到 8 点就去公司上班，回家匆匆吃过午饭就赶忙又回到工作岗位，一直奋战到晚上 11 点钟。公司的其他事情都交由詹姆斯负责处理，威尔斯和亨利就埋首在研究室以及工厂中专心研究。威尔斯认真起来表情总是很严肃，看起来就好像在生气一般。

福特公司的汽车零件是向别家定做的，马达、轮框、传动装置、加速装置等都由马车载到工厂，然后就地卸下，亨利和威尔斯开始检查验收，如果都没有问题，就即刻动手组装车子。首先在车体上装车轮，然后再把车子抬到车台上安装保险杆。当时的马路凹凸不平，坑坑洼洼，装保险杆也只能产生定心丸一样的效果，并不能发挥什么实际功能。接着他们给车子涂上油漆，试车以后没问题的话就大功告成了。

公司成立不久，亨利就带领工人完成了第一辆汽车，虽然性能还说得过去，但是威尔斯和亨利都不喜欢它，后来试车时还被威尔斯弄坏了。好在第二辆车是个让他们都满意的产品，他们给车命名为"A 型车"。

步入正轨

A 型车车体重量轻，但是很坚固，亨利对它很满意。实际上汽车并非越重就越坚固耐用，而重量轻却有利于汽车跑出高速度，车体轻的另一个优点就是可以省下一大笔保养费。虽然 A 型车比亨利过去所制造的汽车都轻，但亨利还是希望它可以再轻便一些。

采用二汽缸马力的引擎是 A 型车最大的优点，当道路情况良好时，时速最高可达 50 千米，而且汽油味极小，引擎发动的声音、车体震动的幅度也不大。不过这款车光是零件费就花了 380 美元，考虑到组合和销售等其他环节的经费，实际成本已超过 600 美元，离亨利 500 美元的目标还有一定的差距。再加上后部座位的材料费，亨利只好把销售价格订为 850 美元。这时的亨利，想重新设计一款价钱更合理、更低廉、性能更好的 A 型车的愿望就更强烈了。

除了付零件费，以及公司各种经费支出后，他们辛苦筹募的资金很快就所剩无几了，公司又面临破产的危机。詹姆斯忧心忡忡地说："现在不是谈赚钱不赚钱的时候，当务之急是想办法把车子卖出去，否则公司只好宣告倒闭。"

为了让公司能够支撑下去，亨利只好勉强同意发售 A

型车。但出乎意料的是，A型车一进入市场便大受欢迎，非常畅销，不到一年的时间就销售了650辆，三个月后销售量更是飞升到了1100辆。公司接到的订单陡然大增，员工也随之增加了四倍。

A型车虽然销售很好，但亨利意料中的缺点也逐渐暴露出来。这些缺点大多都是零件的问题，主要是由于零件公司制作的零件不良所造成的。他们为了增加生产量而雇用一些临时工匆忙赶制，产品都没有经过品质检验，造成了A型车毛病百出的局面。

福特公司负责试车的技师找到了零件公司，要跟他们理论一番，公司的经理约翰脾气很暴躁，紫涨着脸，握紧拳头说："你再不讲理，我就叫你滚蛋。"

福特公司的技师很生气，毫无惧色地说："要我走可以，但你们那松垮垮的整速轮，本公司不能验收。"

"简直胡说八道，你拿得出证据吗？什么松垮垮！"

技师一言不发地走到放马达的地方，要亲自证明给他看。他随手拿起两汽缸的曲轴，把另一只手插入整速轮孔内，约翰才无话可说，连手都能插进去，可见这个机械实在是不合格。约翰连忙道歉，连连保证以后一定把整速轮做好。

零件的问题不断暴露出来，亨利就对詹姆斯说："A型车还不太完善，我觉得应该把它修改得更好再出售。"

詹姆斯却不赞同，他说："订单太多了，实在忙不过来，哪有多余的工夫去改装研究呢？这样就可以了。"

　　詹姆斯为了以防万一，怕亨利不照他的话去做，便一直陪着亨利和威尔斯把汽车送到火车站托运。汽车最终还是被寄往各地，詹姆斯就忙着通知客户汽车已送去了。

　　又过了一段时间，汽车商店都纷纷向福特汽车反映问题，洛杉矶的商店还列举了十多条缺点，寄到福特公司。由于问题太多，写信说明不方便，所以亨利就请各店负责人到公司，亲自跟他们作解释，然后又花了将近六个月的时间改良 A 型车，最后 A 型车以另一种新面貌出现。

　　亨利一向很重视听取别人的意见，尤其是那些商店负责人的。因为亨利觉得工厂制成汽车，实际上只是完成整个过程的百分之七十五而已，剩下的百分之二十五必须由这些商店完成。也就是说，直到最后的机械调整、装汽油、检查轮胎的情况，把汽车清洗干净，交到客户手中，一件汽车产品才算是百分之百的完成。为此，亨利派出了指导员，到各商店说明汽车的构造和修理方法。

　　A 型车的成功使福特公司在经营上进入了正轨，但是亨利的理想并没有完全实现。他仍旧把大部分时间投注在研究上，致力于研究更好的汽车。每当亨利有新发现、新构想时，威尔斯便立刻绘制详细的设计图，再交给技师去动脑筋打造所需的零件。这些技师都很年轻，经常在一起互相讨论，亨利会提供给他们一些意见作参考。亨利经常和员工一起轻松地交谈，开起玩笑来大家都捧腹大笑，毫无拘束感。平常亨利都穿着笔挺的西装，但是遇上人手不足时，他就会立刻换上工作服，不管多么脏污的工作，他都会毫不介意地帮忙。

A 型车的生产量与日俱增，仅福特公司成立后的第二年5月，一个月就生产了 300 辆，第三年的月生产量已经高达360 辆，工厂的规模不断扩大，员工的人数也不断增加，麦克街的厂房也不够用了。福特公司的汽车工厂成为了底特律最忙碌的工厂。

专利诉讼案

随着 A 型车的成功，亨利也遇到了一些麻烦，他被卷入了一场大官司中。事情要追溯到 1876 年。当时住在纽约州西部的法律专家乔治·夏尔旦致力于发明汽车，却数度遭到失败。后来他想要制造新的汽油引擎，绘制了把引擎装在汽车上的设计图。之前的汽油引擎效率极差，一吨的汽油只能产生一马力，夏尔旦就想研究出来用十分之一的油量发出相等马力的办法。这种构想确实不错，但夏尔旦的实验最终还是失败了，他的引擎只发动五分钟就停止了。尽管如此，夏尔旦还是为此申请了专利权。这项发明适用于任何汽油引擎车，他既然申请了专利权，就意味着如果没有经过夏尔旦的同意，任何人都不能生产和销售汽油引擎车。

当时的电动车性能差、价钱高，对路况的要求也很高，一家纽约的电动车公司就把脑筋转到了汽车上面，想要买下夏尔旦的专利权，夏尔旦就把专利权卖给了这家公司，他还可以获得一部分专利权使用费的收益。

1900年，这家纽约的电动车公司起诉了维顿的汽车公司，维顿汽车公司就打起侵犯专利权的官司来，结果维顿公司败诉，按规定付给电动车公司专利使用费。接着就相继有许多家汽车公司向这家电动车公司买专利。不久，这些与夏尔旦和电动汽车公司签约的汽车公司组成了一个"公认汽车制造商联盟"。

亨利一向反对这种专利政策，他认为凡是对社会有益的发明，就不应被少数人独占，应该公之于世，造福广大的群众。而且早在亨利制造出A型车的十几年前，世界上就已经有用汽油作动力的引擎汽车问世了，过去也有数百名技术员制造过汽油引擎汽车。亨利从未看过夏尔旦的设计图，也从没听说过夏尔旦制造成功过一辆汽车，凭什么别人不能自由生产和销售汽油引擎汽车呢？亨利和詹姆斯商量之后，决定不去理会夏尔旦的专利权，继续进行A型车的生产。

有一天，"公认汽车制造商联盟"的会长来到了福特汽车公司，劝亨利他们加入联盟。詹姆斯气愤地说："夏尔旦的专利权简直荒诞得不像话！"压根儿就不理会来人。亨利靠在椅子上，悠闲地晃动两腿说："詹姆斯所说的话，就是我们的答复。"

那个所谓的会长非常生气，警告亨利说：许多人都和夏尔旦站在同一立场，如果你们再固执下去，就不能制造汽车了。"

詹姆斯毫不动摇，亨利也站起来直截了当地说："那我们就拭目以待吧！"

这场谈判破裂之后，双方就开始宣传了。夏尔旦和该联盟在报上刊登一幅很大的广告，标题是"购买不加盟的不法公司制造的汽车会被指控侵犯专利权"。当时詹姆斯和亨利正忙着发送汽车，看到这条新闻后都默不作声，继续工作。两天后，亨利和詹姆斯向公司的客户发表了声明：

> 福特公司就是汽油汽车的首创者，我们曾经制造过著名的"九九九号"竞赛用汽车，并在比赛中获得很好的名声，我们从来没有失败过。
>
> 夏尔旦的专利不是新发明，而且在实际当中也从未被应用过。"公认汽车制造商联盟"只是少数几个公司擅自组成的，如果该联盟起诉各位，福特公司愿意负起全部责任。

激烈的宣传战持续了一段时间后，亨利的决不低头激怒了对方，夏尔旦和联盟终于在1903年10月向纽约地方法院提出申请，控告福特汽车公司侵犯专利权。法庭传来许多证人到庭说明，双方所提交的文件多达14000页，共500万句，这是一场旷日持久的官司，前后持续了八年。

打官司期间，为了对抗"公认汽车制造商联盟"，亨利发起了一个"美国汽车制造商同盟"。这个同盟于 1905 年成立，成员公司大约有 30 家，福特公司当然就是这个新组织的代表。为此，亨利在报上发表宣言，阐述同盟的立场，内容如下："我们非常热爱美国的自由，所以我们也极力反抗不合理的压迫。"

官司开始后的第四年，夏尔旦才开始按照他自己的设计图制造汽车。结果第一辆汽车在引擎发动后只前进了三米便停止了，第二辆也几乎不能行驶。夏尔旦还为自己找借口，抱怨天气太糟了。第三辆车虽然有一些进步，但也只能勉强跑上 100 米，中途还停了两次。

为了公平起见，亨利还特别制造了一辆旧式汽车参加实验，他采用 1860 年法国人设计的引擎，马力很小，但却在一个小时后跑出了 16 千米。亨利和夏尔旦的较量有力地证明了一件事，那就是夏尔旦的设计显然不适用于实际的汽车生产。

在法庭的辩论中，亨利一方的律师表现得很勇敢。如果说夏尔旦的律师是猎犬中的灵缇，那么亨利请来的律师就是一只硕壮的牛头犬；如果说对方的律师是一只顽豹，亨利方的律师就是一只勇猛的狮子。

1909 年，正当福特公司这一方觉得形势一片大好的时候，结果却让大家大跌眼镜，法院突然判他们败诉。这都是由于该法官不但不懂专利法，对机械也是一无所知，这让亨利感到很气愤。

夏尔旦与自己的联盟对这个审判结果表示很高兴，纷纷激动地说："我们可以收取同盟公司的专利使用费了。"还有人纷纷议论说："这样一来，福特公司就会加入联盟，一切问题都可顺利解决了。"

随着败诉的消息传出，由福特公司领导的联盟也几近解体，成员一个个离去。正在这个关键的时候，业务正蓬勃发展的通用公司却参加了夏尔旦的联盟，对方公司已经多达84家。

面对这股强大势力，亨利打起精神，迎接挑战。当时至少还有12家公司与福特公司站在同一阵线上，支持他们的立场，这让亨利感到很欣慰，他暗自下定决心要把官司打到底，不胜利决不罢休，哪怕要花费20万美元，哪怕福特公司和自己会因这场官司而破产，他也在所不惜。

亨利的强硬态度再次招来了夏尔旦和联盟的百般刁难和攻击，双方再次展开激烈的宣传战。夏尔旦方的联盟还搬出美国宪法，说："遵守法官裁定的专利权,是国民应尽的义务。"亨利气得立刻反驳说："这种专利只会阻碍汽车工业的发展，不利于社会的发展与进步。这只是第一回合的判决，我要继续上诉到高等法院,甚至最高法院,以赢得公正合理的判决。"

亨利的坚持最终换来了公正的裁决。1911年1月，高等法院终于听取了亨利所陈诉的理由，判决夏尔旦的专利权只适用于按照夏尔旦设计图所制造的汽车，不适用于按照其他方法设计的汽车。

法院的裁决一出来，亨利就收到了像雪片一般飞来的庆贺电报和信件，其中有些是朋友，有些是昨天还处在敌对立场的敌人，当然，杜里兄弟和金恩也拍了贺电来。

官司结束后，双方都展现了君子风度，没有出现敌我对立的局面。又过了几天，詹姆斯和亨利应邀参加在纽约举行的联盟总会，所有与会人士都对他们表示热烈欢迎，对亨利毫不妥协、据理力争的勇气表示了敬佩。亨利一直回避关于诉讼的话题，以免别人认为他在炫耀自己的胜利。

第二天晚上，原本就与福特公司站在同一立场的公司也举行晚宴款待他们，为了还礼，亨利也邀请从前夏尔旦联盟的会员参加。昨天的敌人现在都变成朋友了，晚宴的气氛很融洽，菜肴非常丰盛，餐桌上还装饰着红色的康乃馨，众人的心情都很愉快。

大家称赞亨利是打倒了独占事业的巨人，是崇尚个人主义的英雄。但亨利并不喜欢这些恭维，他觉得这场官司并不是一个人的事，而是一场保护自由事业的战争。如果当时亨利不幸败诉，美国的汽车工业肯定会是另一番景象。后来亨利的对手也不得不承认，说道："为整个社会利益着想，我们败诉反而更好。"

事实上，夏尔旦和亨利的私交还不错。夏尔旦是一位很有声望的老绅士，只是亨利有时觉得他有些贪心，看到汽车工业的发展很有前途，就想利用专利权来赚取额外之财。

成立零件公司

1904 年，美国汽车工业的前途一片大好。一月份纽约举办了汽车展示会，底特律的很多公司都前往参加，就好像是底特律的汽车展示会一样。美国其他五六个城市出产的汽车总数合起来，也没有底特律多，底特律已逐渐成为世界最大的汽车都市。在展览会上，各大公司一共销售了 12000 辆汽车。不过购买底特律产品的客户，有半数是底特律的市民。随着汽车工业的发展，一些相关产业也陆续兴起，如制造轮胎、驾驶帽子、手套等配件的工厂也如雨后春笋般出现在底特律。

这时，福特公司的技术部门继续改良小型敞篷式 A 型车，最终推出了比 A 型车的价格便宜 50 美元的 C 型车。

1904 年，福特公司搬到了新的比原来大十倍的工厂。员工也增加到了三百多人。尤其是技术部门，又加入了两个优秀的技师——查理斯和约瑟夫，福特的技术阵容更为强大。

亨利很少在办公室坐着，仍是在工厂、实验室以及制图室研究和查看，他十分不喜欢看事务性的公文。一天，一个事务员匆忙地跑到了亨利的面前，说公司的一封重要信件找不到了，亨利随口告诉他说："你到我办公室的桌上看看吧。"

这个事务员到亨利的办公室一看，不禁吓了一跳，那里堆积了足足有两大桶那么多的未拆封信件，事务员将这种情况报告给了詹姆斯，詹姆斯立刻任命他处理这些信件。

福特公司每天能生产25辆车，但亨利注意到汽车的组合作业效率仍然很低。例如，引擎、车体等部分都分别放在不同的地方，员工要在一个地方把小零件组合起来，然后再搬运到另一个地方，才能最终组成一部完整的汽车。像这样分散作业的方法会导致时间和劳力的浪费，亨利就与威尔斯商量，看怎样能改变这种紊乱而没有系统的作业情形，他们计划要用什么方法把机械、材料、员工组织起来，使作业能够达到连贯。

当时福特公司除了生产 C 型车外，还制定了一个生产昂贵汽车的计划。于是，亨利又决定生产一种价格 1000 美元的大型敞篷车 F 型，和 2000 美元的特制 B 型车。

B 型车采用与"箭号"一样的引擎。为了提高汽车的知名度，最好的宣传方法就是参加赛车，亨利决定再度由自己充任驾驶员参加车赛。

赛车那天的天气很冷，跑道上结满了冰，冰上还遍布着裂缝，车子开在上面直打滑，完全没办法提高速度，但亨利还是决定硬着头皮前进。每当亨利要提速时，车就会由于碰到冰的龟裂处而弹起来，很多人都担心翻车，但奇怪的是它竟安稳地继续前进。就这样，亨利开着 B 型车以平均每秒 16 米的新纪录获得胜利，B 型车因此而声名大噪，但亨利对它仍不满意。在结冰的跑道上驾驶 B 型车不断弹起跳落虽然让他大出风头，但这种价格昂贵的汽车，实在无法引起人们的兴趣。

相比之下，C 型、F 型汽车销路很好，威尔斯和技术部门便主张把 C 型、F 型的缺点加以改良，生产价格更为公道的 N 型车。然而公司的股东马尔坎森却对流行在少数人之间的奢侈大型车很欣赏，提出了再制造 2000 美元、3000 美元，甚至 4000 美元的汽车的主张。

亨利当然对此提出反对。生产只有富人才买得起的汽车不是他的理想，那种可容纳五人的汽车虽然能够卖到 7000 美元，但亨利想要制造的，是全国每一个家庭都买得起的廉价汽车，他不想因为买主不同而改变车子的形状和性能。亨利认为自己生产汽车，就和生产针和火柴一样，针工厂所制造的大头针，每一支的形状都一样；火柴工厂出品的火柴，每根形状也都相同。亨利希望福特公司生产的车子能使每一个人都买得起，容易驾驶，这是他一直为之努力的目标。

亨利还想制造 500 美元甚至更便宜的实用车。他甚至不在乎能赚多少钱，只是一心想着要降低成本，降低价格，使客户都买得起，很明显的，马尔坎森的主张和他大不相同。亨利的想法得到了詹姆斯的支持，他们在 1905 年 11 月的时候，共同创办了制造新 N 型车的引擎、零件等部件的"福特汽车零件公司"。

亲切的董事长

随着蒸汽汽车和电动车的市场萎缩，各大汽车公司之间的竞争却越来越激烈，要想获得优势，就必须不断研究创新，提高工作效率。在这种竞争压力的推动下，1906 年，福特公司推出了 N 型车。

就设计方面来看，N 型车胜过以往生产的任何汽车。当时像卡地拉那样的小型车，只装二汽缸引擎，一旦到了乡间道路，汽车就相当于只有一汽缸的引擎了。N 型车有四汽缸，马力高达 15，时速在 70 千米以上，行驶 320 千米只需要用将近 38 升的汽油，不论是在丘陵地区、泥泞路还是雪地上，N 型车都能行驶。

过去的小型车都把引擎装在座席下，这样一来，空间就显得十分有限，只能装上小型的引擎，导致发不出较大的马力。亨利把引擎的位置移到前面，空间变大后，就可以装置更大的引擎，发挥更大的威力。一般比赛用的汽车及其他的大型车，都采用这种方法，现在亨利把这原理应用在了小型车上。

除此之外，亨利在一个偶然的机会中知道一种叫钒钢的材料，便把它应用在了 N 型车上并取得成功。这样一来，N 型车的重量比以前更小，而且更为坚固。在此以前，亨利就知道欧洲车之所以优秀,是采用了比美国更小更坚固的零件，但亨利却对这种零件的材料一无所知。直到有一次，亨利去观看佛罗里达州的赛车，恰好有一辆法国车被撞坏了，零件散得到处都是，亨利立刻赶到近前，发现许多既小又轻又坚固的零件，他连忙捡了一些带回公司研究，才知道它是由特殊钒钢制造而成的，亨利于是也想采用钒钢制造汽车零件。但是有一个问题是，钒钢必须在摄氏 1650 度的高温下制造，而当时美国还没有一家钢铁公司拥有 1500 度以上的高热炉。于是亨利便跑到俄亥俄州的钢铁公司定做钒钢。起初，钢铁公司的老板怕会亏本，不肯答应，亨利诚恳地劝说道："我想用这种特殊材料制造汽车，请你们帮我制作，如果贵公司因此亏本了，我愿承担全部损失。"

钢铁公司在第一次尝试炼造钒钢时失败了，不过很快就在第二次实验时成功了，N 型车最终得以采用比过去的钢铁强三倍的新材料。这种新材料能使汽车在坑洼不平的马路上保持正常的行驶。

N 型车性能好，外形美观，最重要的是价格只有 500 美元。新闻记者纷纷不解地问："这样不会太便宜吗？"

亨利回答说："不会的,这辆车的成本就是 500 美元左右。如果价格太高，就会影响销路。我们尽量制造相同的汽车，减低成本，降低价格，以便薄利多销。例如制造一部机器需要 1000 美元，如果把这部机器同样地做上 100 部，每一部的成本可能就只有十美元；如果做上 1000 部，成本可能只要 10 美分就够了。所以，用同样的方法制作大量相同的汽车，所花的成本很少，价格就可望降低了。"

N 型车的价格比其他公司的汽车便宜百分之三十，被当时的人誉为汽车工业革命性的产品。N 型车成功上市后，亨利也感觉完成了人生的一件大事。

N 型车面世之后大受欢迎，各地的订单拥至，由于无法赶制这么多汽车，詹姆斯只好退回了客户预先汇来的定金。这时，亨利便提出了一个让人感到震惊的计划，他打算在一年内要生产 1 万 ~1.5 万辆 N 型车。许多人都认为这种大量生产的方式是不可能实现的。可是亨利毫不动摇，对此事抱有很大的信念和决心。

只有把目前制造汽车的方式进行大幅度的调整，才能达到大量生产的目标，虽然两个公司是按照次序，采取一贯作业的方式，但实际的效率仍然与理想相差很远。就拿制造一个引擎来说，在零件工厂制造引擎需经过许多程序，引擎由一道程序到下一道程序的中间环节还要花费许多人手。虽然工厂内装有很短的输送带，但是人力操作仍然是必不可少的。员工把引擎表面削平后，利用滑台送到下一个部门，下个部门的员工就在引擎上钻孔再放回平台，继续运到下一个部门处，这种作业方式虽然免去了手动搬运，但效果仍不够理想。

新工厂的作业情形也是如此，那里铺设了两条铁轨，员工们靠铁轨上车台的滑动来组合零件。起初车台是利用钢索拖动的，后来又把铁轨作适度的倾斜，利用车台本身的重量来移动。大约有30个车台排列在长长的铁轨上面，零件顺次移动到员工前面，工作起来很方便。其他公司也采用了类似的方法。不过要靠这种效率实行大量生产还是不现实的。

福特公司的员工个个都精神抖擞，干起活来很卖力，而且机械设备也都很先进，一天之中生产100辆汽车还是没有问题的。公司蒸蒸日上，亨利并没有因此而松懈下来，还是在工厂内进进出出，和大家一起忙碌地工作，他从不端领导的架子，对员工说话也很亲切，这大概和他的个性有关吧。每当亨利有新的发现时，总是用商量的口吻和其他人说："这个地方是不是这样做比较妥当？"或者说："你看这样做行不行？"因此大家都乐意按照亨利的指示去做。

有一天，亨利到工厂内巡视，看到一台正在不停转动的钻孔机光亮可鉴，旁边还有一个工人在操作。亨利便高兴地走了过去，拍拍这位员工，说："我希望你能一直在这个部门工作，万一工作有所调动你也不必担心，因为懂得爱护机械的人一定会出人头地的。我从来没有看过这么干净漂亮的机械。"

过了几天，亨利又到工厂巡视，看到了一排排亮晶晶的钢铁机械，整个工厂都给人耳目一新的感觉，原来每一部机器都被擦拭得像钻石一般洁亮。亨利感激地走过去轻拍每个人的肩膀，不停地说："谢谢各位，谢谢各位！"

当时的福特公司是少有的采用日薪制度的公司，大多数的汽车公司都采用论件计酬的制度，按照工作量的多寡来支付工资，这样就促使工人为了赶工而不顾品质，造成许多缺点，不论对公司或个人都没有好处。

看到价格低廉的 N 型车的销售成功，一向主张生产高级车的股东马尔坎森感到很难堪，最终，马尔坎森提出要退股,彻底脱离福特公司。亨利想到他曾经为公司作出的贡献，开出了很优厚的条件买下了他的股权。但是亨利当时的钱都投资给了零件公司，只好向人借了十几万美元支付给马尔坎森。这样一来，亨利拥有了超过半数的股权，成为了福特汽车公司名副其实的董事长。

汽车王国的成长

分公司遍地开花

亨利不满足于现状，还要继续扩大福特公司的规模，以生产大量价格便宜、性能良好的汽车为宗旨，最终实现造福全世界的梦想。汽车缩短了人与人之间的距离，改善了人际关系，这样一来，那些令人恐惧而且无意义的战争就会自然而然地减少。

当时很多汽车公司的失败，都是由于同时制造多种类型的汽车，亨利便做出了一个决定，福特公司从此只生产 N 型车，他要把整个公司的命运都压在上面。但这并不是盲目的冒险，亨利是经过了认真思考才这样决定的，首先，如果汽车的型号太多太复杂，那么设计费也会相应地提高，每部汽车的价格也会随之增加；其次，不同类型的汽车所使用的零件也不相同，总产量虽然很多，但每种零件的数量却很少，导致造价昂贵，即使能够做到降低成本，使汽车价格便宜，但一旦车主想要换装零件就十分不划算了。因此，只生产一种型号的汽车，不但车本身的成本降低，零件的售价也会由于需求的原因而不会太高。

亨利的另一个决定就是不改变 N 型车的模型。其他汽车公司为了提高竞争力，都经常改变外观，推出新颖别致的汽车。虽然这些新型汽车很畅销，但旧型车也会因此而滞销；而且新型车畅销，公司业务正呈现上升趋势，却还要继续设计更新的型号，这样会导致生产量的降低，长此以往公司就无法大幅度的发展，所以一段时间以后，其他公司也不再热衷于把改变车型作为竞争的手段了。福特公司的 N 型车是美国最早的不轻易改变外形的汽车。

但是生产也不能一成不变，在 1906 年至 1907 年间，福特公司又陆续推出了 R 型、S 型车。这些汽车只是把 N 型车的外形稍作修改而已，里面的构造和性能仍和 N 型车完全相同。

在那样一个汽车刚刚兴起的时代，性能良好的汽车总是像刚出炉的热面包一样畅销。N 型车刚面世的那年卖出了大约 1600 辆，到了第二年，N 型、R 型和 S 型汽车的总销量共计 8000 辆以上。虽然该年年底经济出现了不景气的现象，那种价钱昂贵的汽车已无人问津，但福特公司生产的廉价汽车仍然畅销不断。

每到冬天下雪的时节，崎岖的路面结上了冰，许多汽车的销量就会出现一段时间的下降。因为在冰冻崎岖的路上开车是件很困难的事，如果马达不好，说不定还可能无法发动，因此一到冬天，有车的人也不把车开出来，而是把它锁在车库中。

但是福特公司的车却不存在这种问题，他们的汽车不仅价格便宜，而且性能好，在寒冷的冬天也仍然和平常一样畅销，福特公司因而在短短的三年间实现了两百多万的赢利。亨利把赚来的钱继续投资在改善设备、扩大规模上。不过随着生产量不断增加，公司迅猛发展，有一个不便之处就越来越明显了，那就是福特汽车公司与福特零件公司分别位于不同的地点。威尔斯和亨利每天必须在距离超过六千米的两个公司间奔波，再加上规模不断扩大，两处工厂都显得不够宽敞了。于是，在零件公司成立一年半之后，亨利便决定把两个公司合并起来，终于实现了从采购原料到生产汽车，到最后出货等连贯作业方式。至此，福特公司朝着世界一流汽车制造公司的目标跨出了第一步。

　　1902年，平均每150万人才有一辆汽车，而到了1905年，每65000人就拥有一辆汽车。汽车产业的迅速发展，使它在美国已不是什么稀奇的交通工具了。这种普及的速度实在惊人，又过了两年，就变成每800人拥有一辆汽车。

　　随着福特公司的不断壮大，亨利开始在美国各大城市和世界各地设立分公司，专卖店也有数百家。加拿大、英国、法国等地都有福特公司的分公司，代理商店也是遍布世界各地。福特公司生产的汽车奔驰在印度、日本以及中国的土地上。

　　1907年，亨利原先在底特律租的房子已经到期，他和妻子克拉拉便结束了租赁生涯，在市区的爱迪生街建起了一幢属于自己的家。房子用红砖建造，有很大的庭院，克拉拉高兴地在庭院种上了花草和树木，有些还是从日本进口的红叶树。克拉拉偏爱蔷薇，于是他们的庭院内一共种了20种蔷薇。为了打理好家园，亨利雇用了一个管家。

亨利·福特在底特律的故居

亨利总是在晚饭后和克拉拉一起阅读书报，他们的儿子埃兹尔已经长到15岁了，从前他都是骑脚踏车上学，现在也有了一辆属于自己的N型车。上了高中的埃兹尔经常在放学后带着书本直接到工厂来，小小年纪的他就可以帮忙处理一些事情了，如寄信，写地址、填姓名、贴邮票等。也许是遗传的原因，他也对机械感兴趣，还常常到公司的实验室做简单的实验。

那段时间，莱特兄弟的飞机实验获得成功，在美国青少年当中引起了一股狂热，埃兹尔也对这种新的"会飞的机械"很感兴趣。福特公司的很多年轻员工也同埃兹尔一样热衷于飞机，亨利只好批准他们在公司内做飞机的实验，这项实验整整花费一年的时间才告完成。

他们研究出来的飞机，应用了福特公司最近为新汽车研制出来的引擎，机体是用木材和金属做成，机翼只用木材制造，木材外面还包有一层丝绸。飞行实验在亨利的农场上举行。大家用木板铺成一条滑道，飞机只飞了一米便着地了，着地后又弹起来，再向上飞了两米，最终因为撞在一棵树上而摔毁了。驾驶员受了轻伤，亨利见状便禁止他们再做飞行实验。在亨利看来，制造汽车远比制造飞机重要得多。

尽管 N 型车在当时已算是最便宜的汽车了，但还有许多人承担不起这个费用，像牧师、教师以及小商人，他们的收入仍然有限，一年还不到 1000 美元，N 型车对于他们来说仍是昂贵的交通工具，于是亨利又拟定了一个新目标，那就是要制造比 N 型车更便宜、性能更好的汽车。

更上一层楼

为了生产更理想的实用车，亨利召集了所有技术人员潜心研究，威尔斯、查理斯、约瑟夫，以及福特公司全体技术部门的成员都全力以赴。为了借鉴学习多家汽车的优点，福特公司特意买进别家出产的汽车，包括颇受好评的法国雷诺汽车。

亨利一直在工厂三楼的实验室里和大家共同奋战，连续几年的时间，他们经常不分昼夜地进行研究。亨利总是把自己的设想写在实验室的一块黑板上，查理斯就立刻根据他的构想绘制草图，进行实验，如果实验证实可行的话，便连夜制成设计图。有时设计图不够理想，亨利就尽量鼓励他们，不使他们气馁，然后让他们再试一次，直到成功为止。在研究的过程中，亨利不像受过正规教育的那些技术人员一样，用三角板、计算尺等工具画图，他习惯用直觉来测定金属的厚度和强度，而且很少发生错误。

亨利每天晚上工作到 10 点甚至 11 点，除了帮忙做实验外，他大部分时间都坐在摇椅上思考，翻来覆去地想着研究的情况，有时一坐就是好几个小时。

经过了众人的刻苦研究，1908 年春天，T 型福特车诞生了。这种 T 型车可谓是由诸多新技术凝聚成的结晶，它更轻便和坚固，这都要归功于钒钢和一种经过特殊热加工的钢铁。此外，以磁铁发电机取代干电池是 T 型车的又一个突破，这样引擎就更不容易着火。而且也不用担心车体、车台会发生扭曲现象，因为弹簧非常坚固。此外 T 型车还安装了固定马达的装置，在凹凸不平的路上行驶时不用担心马达会发生震动。

传动装置被改成了游星齿轮装置，所以齿轮不会轻易地松脱；驾驶方法也变得很简单，开车时只要把方向盘下方的杠杆向右拉，就可使马达加速，再踩一下踏板，引擎就立刻疾速转动，带动汽车飞快地向前进。如果左脚放松踏板，把变速挡置于最高速，T 型车便会飞奔前进，就像被蜜蜂螫到的野马一样。踩一下右边的踏板，再把手刹车向上拉即可停车；脚踩下中央的踏板就可以让车后倒了。总而言之，只要能操作方向盘，就不难驾驶这种 T 型车了，甚至连十岁小孩也会开。因此，尽管当时有严格取缔无照驾驶的规定，还是有很多小孩开 T 型车。

这些新技术中，有许多还曾被其他公司嘲笑过，但几年之后，他们纷纷看到了好处，争相引进福特公司的技术。当然，T 型车最初也有许多缺点，考虑到当时的马路状况极差，为了使车底离开地面，T 型车的高度从地面算起约有两米。有些人一坐上 T 型车便略带讽刺意味地说："我们是坐在温暖的油箱上面啊！"

T 型车前后轮的大小不相同，车上必须有两套预备轮胎。方向盘设在左边，但左边却没有车门，驾驶员只能攀跃窗户从左边上去，要么就是先于乘客上车，由右边挪过去。T 型车也没有自动发动机，必须用曲柄在车头发动引擎，而驾驶员必须在引擎发动后快速返回车上，否则引擎停止，汽车就无法开动。

　　油箱设在前方座位下，添装汽油时要打开座席才能灌入汽油。当活塞和汽缸表面因摩擦而产生磨损时，引擎内就会产生铁锈等杂质，如果这些铁层、杂质积聚多了，车子就会晃动得很厉害，无法保持平稳，必须掀开汽缸的盖子，用刀片刮掉杂质；如果轴承受到了磨损，马达也会发出不正常的噪声，就像锅炉工厂一样，这时就需要用铁皮或皮革片把磨损的缝隙塞住，才能继续开车。

　　这样看来，T型车的缺点似乎还不少，但只要是驾驶过T型车的人，对于这些毛病大部分都能修理，开惯了也就能适应这些缺点了。何况从车体重量和马力的角度来讲，T型车可称得上是当时世界上性能最好的小型车了，四汽缸的20马力引擎，不但速度快，而且爬坡的能力也很强，甚至能在深及车轮的水中行驶。

　　1909年，美国举办首届横贯全国的大赛车，福特公司的T型车也参加了比赛。当跑了四分之一的路程时，T型车领先其他汽车两个小时。但他们的运气似乎不太好，后面的路况很糟糕，连日的大雨使道路泥泞不堪。驾驶员穿着雨衣和长达腰部的长筒胶鞋艰难地行驶着，不料在一个风雨交加的晚上，开T型车的选手由于没看清道路，连人带车摔进了河里，这位选手好不容易熬到了天亮，赶紧修复扭曲的加速装置，跳上T型车继续前进。车子穿过了沙地，也走过悬崖上狭窄的小路和积雪盈尺的路，就这样一程又一程地比赛下去。亨利早就赶到了终点处等候，为迎接T型车作准备。

在全程 6600 千米的路上，T 型车虽然经过了很多挫折，但是仍然把那些马力较大的大型车远远地抛在后面，以 22 天又 55 分的成绩获胜，更难得的是，轮胎内的空气与起跑时完全一样。第二名的 45 马力大型车比 T 型车慢了将近 17 个小时，很多车都在一个礼拜后才抵达终点。

同年秋天，T 型车又参加一项为期七天的持久赛，创造了价格 2500 美元以下汽车的最高纪录。

T 型车刚完成时，亨利就像小学生在运动会中得到奖牌一样，高兴得手舞足蹈，在公司内逢人就愉快地拍着对方的肩膀。T 型车接连在各项比赛中获胜，证明了亨利多年的苦心没有白费。

更令亨利感到欣慰的是，T 型车在广大的农村也很受欢迎。而在这以前，大多数农民对汽车都没有好感。汽车常常使马受到惊吓，还发生过汽车轧死鸡鸭的事情，还有人认为汽车使人变懒，是毫无益处的工具。但 T 型车最终改变了农民根深蒂固的想法，它性能好，坚固耐用，而且用途广泛，不但能运输家畜和农作物，还能作为抽水、磨粉等农活的动力；人们在礼拜天的时候可以载着家人到教堂做礼拜，T 型车在农民的工作和生活上都发挥了很大的作用，甚至在无形中已成为家庭的一分子，受到相当的重视。亨利为此感到很高兴，他又开始计划为农民制造耕耘机，减轻他们的劳力负担。

T 型车受到了各界的好评，每当公司发出要制售 T 型车的通知时，公司所收到的订购信件、电话、电报等就像潮水般涌来。T型车第一年的销售量就超过10000辆。工厂为了适应不断提高的需求，员工也增加至2000人；福特公司的业务蒸蒸日上，拥有大量的推销员，代理店、零售店也都要比其他公司多，在全美的汽车代理店中，有半数以上都是属于福待汽车公司的。

从前福特公司都是靠铁路货车运输，但随着T型车销售量的日益增加，运输就渐渐成了一个大问题，要把这么多汽车送到1600千米，甚至3200千米的地方，一部货车只能装载三辆T型车，需要一笔相当庞大的费用，极不划算。几经考虑，亨利和股东们决定在遥远的地区设立组合的分公司，把总公司制造的汽车拆卸下来，运到分公司后再进行组装。这种只运送材料，不需要特别的货车运输的方式给公司节省了大量开支。

有了成功的先例，福特公司在全美各大城市都设立了组合分公司，规模较大的分公司约有六层楼，员工人数在100至200人之间，这样规模的分公司一年可组合5000辆T型车。此外，英国也设立了规模庞大的组合分公司。

福特公司在迅速壮大的同时，杜兰特的通用公司业务也正蓬勃发展，势头就像拿破仑席卷欧洲一样，创立不到两年就兼并了20余家汽车公司，很多著名的公司都被他吞并了。不久，杜兰特便将目光投向了福特公司。

有一天，杜兰特派人来福特公司，向詹姆斯提出要收购福特公司的想法。詹姆斯就向亨利报告："董事长，杜兰特想要买下福特公司。"

"开价多少？"

"800万美元。"

"800万美元，好啊，但是必须把现金摆到桌上。"亨利冷静地说道。他清楚杜兰特一时拿不出这么多钱，不过就是故意调侃他而已。那位杜兰特的代表非常震惊："你说什么？"

"800万美元现金放在桌上。"亨利很肯定地重复了一遍。杜兰特起初表示可以先付200万现金，但事实上，通用公司的内部也有许多分歧，最后杜兰特只好放弃收购福特公司的计划。

效率第一

1906年，美国汽车工业的总产量已经超越了当时一直保持世界最高纪录的法国；到1910年时，美国汽车产量占据了世界总产量的一半。而纵观美国生产的汽车，总体上还是以价钱公道的实用车最为畅销。

实用车适合长途旅行和高速奔驰。虽然它没有昂贵的大型车坐起来那样舒适，却比较容易驾驶，而且小巧的车体使它在狭窄的路面也可以照常行驶，所以很多人都不会太介意它的缺点，即便是买得起大型车的富人也会购买这种廉价的实用车。

1910 年，福特公司将工厂迁到海兰帕克。新厂房是四层楼的方形建筑物，窗户很大，宽 23 米，长 260 米，总面积有 45000 平方米，在晴朗的日子，工厂内阳光普照，素有"水晶宫"之称。后来，福特公司又在这个厂房的基础上，在周围 24 万平方米的空地上建造了各种建筑物。

和生产 N 型车时一样，亨利还是决定以 T 型车的车台为主，不管是有车篷还是无车篷、客车还是货车，都要用这种车台来制造，而且车身统一都涂上黑色。亨利对查理斯说："制好的汽车，要依照客户的喜好来上颜色。当然，最好还是用黑色。"

工厂对于旧的性能不好的设备总是毫不犹豫地淘汰，新设备不断地增加，而且这些机械中，很多是福特公司的技术部门自己研发设计出来的。

性能好的新机械，主要有车轮涂饰机和多角钻机孔。车轮涂饰机的用法很简单，把车轮排成六列，刷上油漆后再转动车轮，然后分开干燥即可。当时其他汽车工厂还在靠员工一个一个地涂油漆。

多角钻孔机也是福特公司引以为豪的新机器，如果要在四个不同的角度，给汽缸上钻 45 个洞，用这个机器只需 90 秒钟就可以完成。而且这种做法还可避免人工钻孔所造成的误差；钻底部时，也不需要把汽缸翻过来。

除此之外，福特公司还有钢板压轧机、传动装置试验机、散热器组合机等设备，它们都是世界第一流的机械。

工厂迁移时，福特公司的生产仍旧照常进行。新工厂落成时，亨利也没有大肆铺张，那些请来宾或乐队演奏等庆祝活动一概都没有，在亨利看来，这些都只是形式，没有什么意义。

海兰帕克的工厂落成后，福特公司每天可生产近百辆的T型车，一年的产量高达19000辆；到第二年，年产量已增至35500辆；第三年为78000辆。在接下来的几年里，T型车的年产量就一直这样直线上升。

亨利接下来又开始思索怎样才能达到连贯作业的理想，以提高生产量。最初，亨利在一个偶然的机会中获得灵感，设计出了只用动力来推动的输送带。后来有一天，亨利到芝加哥的一家肉食工厂参观，当他看到吊着一大块肉的滑车在天花板上滑动的那一刹那间，亨利又想到了一个办法，就是利用动力使输送带不停运转以运送零件。

回到公司后，亨利立刻吩咐查理斯装置搬运散热器的零件和制品的输送带。当输送带载着零件滑到员工面前时，员工就立刻把它们组合成散热器；散热器从一个输送带被移到直角交叉的另一个输送带，再运往下一个环节。

有一天早上，一向很少到工厂来的詹姆斯突然到工厂查看，亨利的发明让他感到非常惊讶，但是他认为这种设备没有多大用处，反而会增加生产成本，因此便向旁边的工人问道："这输送带是谁做的？"

工人们回答:"查理斯。"

詹姆斯非常生气,亨利知道后就赶紧对查理斯说:"詹姆斯对散热器的输送带好像不满意,他会对你发脾气的。你要小心哦!不过他气头上的话你可千万别当真。"

查理斯也不是肯轻易向上司低头的人,他用数字向詹姆斯说明输送带的必要。

詹姆斯的脑子终于转过来了:"哦,原来如此,我知道了。"于是马上请人在工厂各处都安装输送带。

这是一个不小的工程。以前制造磁铁发电机时,员工把材料堆在身边进行组装,每天工作八小时的话,一天可组装35~40个。使用了输送带之后,原先由一个人完成的工作,被分成了29个环节,输送带的旁边也就需要29个人。这样一来,输送带移动的速度就是个关键问题了。起初是每分钟移动一米半,这种速度太快了,工人们应接不暇,便调整为每分钟45厘米,但这又太慢了,最后才摸索出一个适当的速度,就是每分钟110厘米。

输送带的高度也是一个需要注意的问题。开始的高度为27厘米,结果由于过低而容易让员工感到疲倦,便再妥善地予以调整,直至调整到适当高度,输送带才算大功告成。

有了输送带装置,工作效率也随着提高,磁铁发电机的产量增加了三倍。搬运工作不必再使用人力,组装所需要的零件会自动到员工的面前;也不需要再为了寻找工具和材料而忙乱不堪。经过多次的实验,输送带还成功运用到了马达、传动装置以及车台的组合工程上。

汽车各部分的连贯作业基本已经完成了，但各部分的产量增加并不意味着就可以大量生产汽车。想要达到大量生产汽车的目标，还必须进一步把从制造零件到完成整部车的生产的所有环节都连贯起来。只有当这种连贯作业以固定的速度持续地连成一体时，亨利大量生产的理想才能实现。

这种方式要求稳定的速度，即使是弹簧那样小的零件，也要按照计划的时间准确地送达，如果一个员工在车台装置弹簧时，由于某种原因弹簧来得慢了，这时整个过程就会受到影响。只有所有环节都这样配合得恰到好处，生产才会迅速。

1912 年，埃兹尔学校的老师克拉斯也到福特公司服务。他是一位 31 岁的优秀技师，遇事能深思熟虑，又肯付诸行动，到公司不久便成为查理斯的得力助手，很快地使连贯作业的大量生产方式成为现实。

克拉斯和员工们都戴上手表，共同在实验中调整输送带，确保每个作业工程都能紧密地结成一体。这项实验的准备工作花了一年的时间，当新的方式产生后，整个工厂的工作阵容就变得更强大有力，组合作业进行得非常迅速。每一个零件都在动，不是被吊起来送到组合现场，就是在输送带上移动。压机、熔矿炉、焊接机、钻孔机、车床等机器同时分秒不停地转动着。在整个生产的过程中，没有一块材料和一分劳力是被浪费的。

生产就像流动不息的河流一样。材料和原料在恰当的时间涌出，然后汇合成一股零件的河流，这条河流又在恰当的时间汇聚成大零件的大河；当各大河在河口处汇集时，一辆完整的汽车就诞生了。这条机械的大河流动速度越来越快，进度由完成十分之一辆到五分之一辆，再进为二分之一辆，最后就组装成一部汽车。

由于工厂各单位紧密地结合，输送带运转不息，所以能在没有分毫浪费的情形下完成一辆汽车。宾士汽车公司的总经理来工厂参观时，惊叹地说："这个工厂不论在设备或作业方法上，都可说是世界第一流的。"实际上，福特公司这种连贯作业的生产方式，在工业生产史上，宣告了一个新时代的到来。因此，有人就把1913年称为"福特纪元元年"。

然而这种大量生产的方式，并不一定就代表生产的某种产品数量比过去更多，价格更便宜。想要达到这个目的，还要从根本上提高生产效率，采用新技术和新的机械设备。这样一来，随着设备的逐渐发达，人的劳动量也会随之减少。

总而言之，越是主张大量生产，就越需要积极更新或改良生产机械。但是人不能成为机械的奴隶，人要能够灵活利用机械，使它成为人类的忠仆。

有些人觉得生产机械化以后，对员工的需求就会减少，这种想法是错误的。虽然艰苦的劳务工作减少了，效率差和复杂的情况也相应减少了，但使用机械、改良机械的人才需求却会增加。把一种作业分成许多小环节，那么每位员工就成为所负责的那个环节的专家。相比那些大学毕业的技术人员，亨利更喜欢录用一些毫无经验的外行人，培养他们成为优秀的熟手。

对于福特公司的干部，亨利从来不管他们的学历如何。公司的干部大都是由员工或普通职员中选拔出来的。一次，工厂买进一台昂贵的机器，整个公司里没人懂得操作方法，查理斯感到非常懊恼。当时亨利正好在场，查理斯用失望的表情对亨利说："董事长，这件事真糟糕。"

亨利却轻松地说："这没什么，根本不成问题。"

"没什么？难道还要从其他公司请熟手吗？"查理斯问道。

"不是有很多人到公司来应聘吗？只要挑选到合适的，再加以适当训练，就可培养成熟手了。"

亨利·福特一直都坚信不疑，只要给予适当的培训，再加上员工个人的努力，任何人都可以成为独当一面的人。

扩大生产之后，T型车就成为有史以来最普及的车种了。在1911年至1913年的时间里，年产量从第一年的7万辆，增加到第二年的18万辆；第三年即高达26万辆，平均每小时可生产146辆（约每24秒生产一辆）。福特公司成为了当时世界最大的汽车公司。

与此同时，通用公司在克莱斯勒这位新执行副总裁的领导下，业务也蒸蒸日上，紧跟在福特公司的后面。后来，杜兰特与克莱斯勒分道扬镳，杜兰特于1910年创立了雪佛兰公司，该公司同样以优越的技术蓬勃发展。

T型车时代

T型车的成功，除了归功于性能优良、价格便宜之外，还有很多其他的重要因素。

T型车和其他公司的汽车一样，经过不断地改良，最后才奠定了自己的地位。T型车进步的地方很多，例如不需转动曲柄，电气的自动装置就能将引擎发动。转动曲柄是件麻烦、费力而且危险的事，尤其在冬天，要花30分钟才能发动引擎，以至于有些赶时间的人急着转动曲柄，最终使手臂骨折。

另一个进步就是把本来使用灯油或乙炔的瓦斯光车灯改装成电灯。所以1922年，斯蒂庞克公司就得意地作了一则广告：

　　请轻轻按一下钮，明亮的电车灯就会立刻照亮马路。

汽车之所以越来越普及，道路状况逐渐变好也是一大功臣。之前美国的马路条件还很差，泥土、灰尘、砂粒遍地都是；各州之间的情况也不相同，有的州稍好些，有的州却很糟糕，马路狭窄，中央部分还凸出来了，坐在车上的人要忍受颠簸之苦，身体左摇右晃，非常不舒适。也是由于这个缘故，那时的车都不能装固定的车顶。而且当时的马路上也没有任何指路标志和照明设备，开车很不方便。

曾经发生过一件有趣的事。几个实业家共乘一辆汽车到印第安纳州旅行，日暮时分来到了一个三岔路口，黑暗中众人不知应往哪条路去，也没有可以打听的地方。正在为难的时候，忽然看到路旁一根高高的柱子上有一个招牌，他们以为那是道路标志，高兴地派一个人爬上去查看。那个人好不容易爬到上面，划一根火柴照亮招牌，却发现牌上写着"请多用XX牌香烟"几个大字，令他们大失所望。

在1915年以前，美国几乎没有一条像样的马路，汽车行业的人比一般人更深刻地明白马路的重要性，不停地敦促政府铺设更好的马路。

福特公司在创立十年后，名列美国企业界第77位；到了1914年1月的时候，福特公司的排名就上升到了第六位。此后更是蒸蒸日上，遥遥领先其他汽车公司。

1922年以前，福特公司的生产汽车总数占美国汽车总产量的百分之四十；第二年占了将近百分之五十，员工也增加到13000人。这个生产量相当于其他将近300家汽车公司的66000名员工所制造的汽车总量。

福特公司一直以生产廉价汽车为宗旨，当时全美国生产出的实用车一共是 17 万辆，其中就有百分之九十六是福特公司的产品。随着生产量的激增，售价也逐渐降低。T 型车最初是卖 800 美元一辆，到了 1924 年，T 型车的价格就降到了 500 美元。在亨利的感觉里，似乎只要降低一美元，就能增加 1000 个客户似的。

即使在 800 米外，也能清楚地看出 T 型车的特征，福特公司根本不需要做广告宣传，T 型车奔驰在马路上的英姿，就是最有效果的免费广告。

很多名人都爱用 T 型车，就连当时的总统威尔逊去避暑，也特地买了一部 T 型车作为交通工具；英国首相丘吉尔觐见女王时，乘坐的也是 T 型车。

福特公司之所以不做广告，最主要的原因是亨利对 T 型车的信心，当时还没有让他觉得值得花广告费的竞争对象。虽然其他汽车公司也采用了 T 型车的大量生产方式，他们生产的实用车也不乏性能优越、价格便宜的产品，但从长远来看，其他公司都缺少资金和完善的设备，根本不是福特公司的对手。

随着 T 型车的普及，出现了许多有关 T 型车的诙谐歌谣，这也应该算是一种免费广告了。小孩子看到外形纤巧、构造良好的 T 型车，都会拍手唱着：

独脚的叔叔

装着义肢的叔叔

想乘坐汽车

却没有人肯载他一程

又不能偷偷上车

左想右想没办法

只好用一个空罐子和四个线筒

自己动手做福特

啊，自己开车真快乐

除了一些歌谣俚语外，当时还流行着一个有趣的笑话。一个车迷在地狱中遇到了恶魔国的国王，国王得意地指着陈列在旁的汽车说："你可以选一辆开往地狱游玩，你最喜欢哪个？"

车迷高兴地左看看右看看，愁眉苦脸地问道："这些都是福特公司的车子，教我从何选起？"

国王也苦恼地说："是啊，我也正为这件事伤脑筋呢！"

福特公司不仅汽车的价格便宜，所制造的零件也很便宜，而且福特零件公司的产品通常都适用于所有福特公司出产的汽车，因此销路极佳。1922年，福特公司光是销售零件的收入就高达500万美元。工厂有时为了赶制零件甚至要暂时停止车辆的生产。

当时虽然也有其他的汽车销路比较好，如价格比T型车稍贵的雪佛兰、别克、斯蒂庞克等，此外还有更贵的凯迪拉克，但这些汽车销量增长的速度都无法与福特公司的产品相比。福特公司创业时的资金只有 28000 美元，却凭借着正确的经营方式迅速成长，到 1922 年的时候就已经拥有相当于创业时 1000 倍的资产了。

事实上，亨利并不看重公司的收入和利益有多少，资产增加多少，毕竟他不是为了赚钱才创业的。亨利把公司赚得的钱都投在有意义的事情上，自己不留分毫。亨利不愿独占海兰帕克工厂所拥有的一流设备和技术，他大方地公开，供各界人士参观。因此美国各地甚至世界各国的技术人员都到工厂参观；亨利还毫不保留地解说海兰帕克工厂的生产方式

亨利·福特与T型车

和技术，并刊登在专门的杂志上供同行们参考。

一转眼亨利已经 50 多岁了，他在福特公司里算是年纪最大的，但他依旧坚持在工厂、实验室和设计室中研究，与技术部门的同仁一起工作。总之，亨利整天不是工作，就是在思考有关工作的问题。他认为只有认真工作，社会才能进步，工作还能使人的道德和健康有所增进。换句话说，亨利工作的目的不是为了赚钱，而是为了使人生更美好。他无法忍受守着自己的财富无所事事地过日子，他总是不停地思考，并将自己的构想付诸实践。

改革工薪

那时美国失业的人口很多，而福特公司的发展势头强劲，去福特公司工作就成了当时很多人的梦想。经常有失业的人跑到公司大门前，向警卫恳求说："请尽快录用我吧！"

亨利也经常为如何给更多的人提供工作机会而伤脑筋。尤其是社会上的失业人员越来越多，亨利就下定决心一定要开放工作机会。经过一番研究，亨利决定将工作制度改为八小时的三班制，这样的话，福特公司就可以再招进 4000 名员工，员工的劳动时间也可以缩短一些。亨利经过了仔细的估算才确定了八小时的工作时间，如果太短的话，效率就不是很高了，不论对员工或对公司都没有益处。在此之前，福特公司的员工也和其他公司一样，每天上班九个小时，实行两班制。

但问题是把工作时间缩短，虽然可以雇用更多的员工，却不一定能使他们的生活更安定。亨利决定还要继续改革。

1922 年，福特公司的净利润超过了 1350 万美元。企划部门的人，其薪水、奖金以及股权分红加起来，报酬都相当可观，每个人都有足够的金钱，不必为生活操心。克拉拉在整理亨利衣服的时候，经常会发现口袋内竟有数万美元的支票。

可再看福特公司的普通员工，他们的生活仍很艰苦，薪水还是和其他工厂一样，一天只有两美元或两美元五十美分。有一次，公司的人事主任约翰·李向亨利报告说，有一位熟手的工作效率突然降低了。约翰·李上前询问："你是否身体不舒服？"

"不，我很好。"

"那么，你是对工作不感兴趣喽？"

"不，没有这回事。"

经过约翰·李的苦苦追问，这位工人才说出了实情，原来他太太生病，没钱医治，孩子也无人照顾，家里已经是债台高筑了，约翰·李听闻后立刻替他偿还了债务，解除他的生活烦恼，这位工人的工作效率就又回复到从前那样。约翰·李感慨地对亨利说："工人的工作效率和家庭生活有密切的联系。"

有一次，亨利带着埃兹尔到工厂巡视，发现竟然有两个员工在打架。被埃兹尔看见自己的员工在打架，亨利感到很惭愧。正当亨利感到疑惑的时候，突然想起约翰·李说过的话："工人的工作效率和家庭生活有密切的联系。"于是，亨利立刻追问他们打架的原因，原来是因为一些小矛盾，一时脾气暴躁就起了口角。不过亨利知道，根本原因还是因为生活条件不好，影响到了他们的情绪，才会有这种野蛮的行为出现。

亨利因此而陷入了深思，他们为公司辛苦地工作，却只能得到难以维持生活的低廉工资，而公司内部的干部却获得极优厚的酬金；甚至那些购买汽车的客户，也能得到相当的利益，而这些直接参与汽车生产过程的员工，却没有得到公平合理的待遇。亨利也过过贫穷的生活，他知道一天两美元或两美元五十美分的收入，实在不足以维持温饱安定的生活。

在一个家庭当中，如果丈夫的收入太少时，妻子就必须出外兼差才能维持家庭生计；要么就只能把已经很狭窄的房子再分租出去，这样一来，孩子就不能得到妥善的照顾了。被忽视的孩子，往往很难身心发展健全，甚至会误入歧途，成为社会一大负担。

亨利认为 T 型车的成功，福特公司的惊人发展，都是由于全体员工的努力；亨利自己也是从一名工人做起，他把厂里的员工都当做是值得骄傲的朋友，他感到很惭愧，自己竟然忽略了他们的生活问题。由工人们共同努力赚来的利润，也应该让大家一起分享，否则就太对不起这些忠诚勤勉的员工了。从前亨利都把关于员工薪水的事情交给属下办理，从不过问，现在他决定亲自来斟酌考虑。

1914 年 1 月 1 日，亨利召开福特公司干部会议。亨利当着大家的面，在会议室的黑板上进行了一番计算，将普通员工的薪资标准，和这一年应付给员工的工资总数相比较，再和预测这一年所能得到的利益相较，发现这其中实在不成比例。

亨利对大家说出了自己的想法："我想提高工资……"

接着，亨利便向大家阐述自己的理由，没有一个人提出异议。亨利很高兴，他请大家提案，商讨新的工资数目。大家争相发言，起初有人提议提高二十五美分，接着又有人建议再提高二十五美分，变成五十美分，最后决定提高一美元。

以八小时三班制而增加的全部员工，如果每人一天增加一美元，这就意味着福特公司一天就要多支付大约两万美元；一个礼拜就要增加 14 万美元的开支；一年下来，这个数字就是 700 余万美元。尽管如此，亨利对只提高一美元薪资的议案仍旧不满足。

在场的人一个个神情困惑，相互看了看，然后开始交头接耳地议论。最后有一个人说："再加二十五美分吧，若再提高就不划算了。"

亨利还是不同意，众人几经商讨，咬牙决定提高两美元，这样一来，日薪就变成四美元五十美分，大约是以前的一倍。

詹姆斯对这种作法深感不满，用讽刺的口气说："这样的话，还会继续加到四美元七十五美分，甚至增高到五美元，直到公司倒闭为止。"

亨利一拍桌子，说道："五美元！！太好了，那就把薪资定为五美元吧！"

亨利立刻颁布新的工资制度，规定 22 岁以上的工人，和 22 岁以下已经成家了的工人，最低工资为五美元，工作时间改为每天八小时三班制。

福特公司大幅度提高工资、缩短工作时间的新措施，引起了广泛的关注，大家纷纷为亨利的决定拍手叫好。全世界的报纸都争相报道："世界最大的汽车公司，对员工的报酬作了空前的大调整。"绝大部分的媒体都支持福特公司的新制度。很多实业家、劳工运动的指导者、社会学者、牧师以及政治家也对这项措施深表赞扬。

不过反对的声浪也不容小觑。实业家中就曾经有人对亨利的作法提出抗议，亨利一时间被人指责为"资产阶级的叛徒"。华尔街甚至还批评亨利的这种作法，是"把圣经的精神错用在工业场所，拿博爱主义作幌子来争取人心"。

亨利对这些恶意批评不予理会，他想要提高工人的薪资，并不是对贫苦人的一种施舍，他只是想让大家分享福特公司由于工作效率的提高而产生的利润罢了。而且一旦员工的生活富足，消费量也会随之增加，更多的钱在市面上流通，也会连带提高 T 型车的销量。许多经济学家都认为，在高度生产、高工资、高度消费三者结合的情形下，新经济时代也将随之来临。

日薪提高到五美元，所产生的效果出乎意料的好。有新闻报道称，福特公司提高工资以后，工人的生活得到了很大的改善，他们快乐的歌声，几乎比工厂的机械声还大。

一个员工在接受记者访问时高兴地说："现在，我们的家庭生活可说是既幸福又美满！我的儿子再也不必当报童了，我的女儿也不需要去帮佣了，母亲与孩子只有在礼拜天才见面的情形也不会再发生了。"

一位工人的妻子激动地说："因为我的丈夫不是熟手，以前的日薪只有两美元，生活很艰苦。当丈夫把第一个礼拜的周薪30美元拿回家时，全家都高兴得吃不下饭。"

福特公司涨工资的举措让其他汽车公司非常慌张，他们怕自己的员工会大量减少。亨利不愿伤了同行间的和气，特意叮嘱人事部门说："招募员工时，要录用真正失业的人，要优先考虑有家庭负担的人，不可到其他公司挖墙脚。"

当时，每天到福特公司来求职的多达1000人。有时，这些聚集在公司大门口的求职者常常群起骚动，警卫也没有办法，不得不请警察来维持秩序，或用水管喷水，把他们驱散。福特公司内部的员工彼此感情非常融洽，福特公司因此而赢得了"和善公司"的雅号。

事实证明，亨利的这些改革，如提高工资、缩短工作时间等措施，不但使员工获得实际利益，更激发了他们的工作动力，使公司的业务蒸蒸日上，年销售额激增到900万美元。

员工的工作效率提高，产量增加，随之而来的就是成本的降低，消费者就能买到比以前更廉价的汽车，成为真正的受益者之一。

造福社会

1914~1922 年间，涌入美国的劳工移民人数超过了 140 万。这些移民大都身无分文，带着不同的目的不远万里地来到这个新兴的工业强国。他们聚集在人都市中，与不同国籍的人生活在一起。他们大多生活困苦，许多人都自甘堕落，整天酗酒赌博混日子。

福特公司收容了数千名移民到厂里来工作。亨利并不是爱管闲事的人，但在当时的情况下，如果能帮助这些迷茫地处在社会边缘的移民，给予那些肯上进的移民一些鼓励，亨利觉得这是一件非常有意义的事。于是，亨利便派约翰·李去访问每一个移民工人的家庭。

这些移民来自世界各地，生活习惯与美国人截然不同，更糟的是他们不会说英语，无法有效地与人沟通。为了改善他们的生活，让他们更好地融入社会，亨利又在 1914 年开办了英语培训班，教导这些移民学习美语，取得了很好的成果。这些移民员工经过自己的努力，很好地融入了当地的生活，取得美国公民权的已超过半数。

除了关注移民员工外，福特公司也为残障者大开方便之门。实施日薪五美元的新制度的同时，亨利还嘱咐人事部门，只要没有传染病，对一般身体残障的人都应该给予适当的工作，不能用"残障"的理由辞退员工。

人事部听了亨利的话，立刻把工厂的全部工作分成8000个小单位，不论身体有无障碍，都能得到适当的工作。

消息传开后，许多被其他公司辞退的残障者都纷纷来到福特公司求职，其中就包括很多在战争中受伤的人，福特公司的残障员工人数多达六七千，最多时甚至达10000人。这些人都被安排到了危险性较小的工作中，他们有的缺了手，有的断了足，还有很多失去一只眼睛的，甚至还有一些轻微精神病患者。

亨利这样做同样也不是出于怜悯。在亨利看来，这些人虽然身体有缺陷，却具有工作的欲望和能力，因为他们身体的缺陷而否定他们是很不公平的。因此福特公司对残障者一视同仁，他们的薪水也与正常人相同；事实上，这些身体残障的人一旦有了机会，往往比健全的人工作得更卖力、更认真。

有一个失明的钢琴调音师来到福特公司，和两个健全的工人一起工作，没过几天，领班便带着另两个人来到了人事部。领班对人事经理说："请把这两位调到其他部门吧。刚来的那个失明者，一个人就做了三个人的工作，这两名员工留在那里反而会妨碍他。这位失明工人还能一面做事一面唱歌呢，显得很轻松愉快。"

除此之外，福特公司还欢迎出狱者来工作。有些出狱者就直接从监狱到福特公司求职，福特公司的员工中有400~600人都是刚出狱的，导致社会上议论纷纷，说福特公司堕落了，竟然收容曾经犯过罪的人，但亨利依然我行我素。事实证明他的做法没错，这些出狱者都想要改过自新，往往比一般人更努力工作，在600名有前科的工人中，只有三个人不肯学好，这比例已经相当小了。

亨利虽然不是从事慈善事业的人，但他总是尽可能地使福特公司对社会有所贡献。他将公司看做是社会的一部分，而不是他的个人财产。亨利常对埃兹尔说："我们要尽力使公司和工厂更完善、更理想，即使我们没有享用这种成果，也可造福其他的人。"

1928年，福特公司在一年内就制造了50余万辆汽车，价格也更加低廉，降到了450美元以下，但公司仍然赚了6000万美元。接着，亨利便想把工厂的规模扩大两倍，汽车价格降到300美元以下，他想造福更多的客户，哪怕减少公司利益。亨利认为利益只要达到某种程度就好了，如果一心只想赚更多钱，倒不如把多余的利益用在降低价格上，让大家分享。

在亨利看来，钱是身外之物，就像输送带和煤炭一样，只不过是购买工作材料和生产过程中需要的物质而已，不必太过重视。所以亨利把自己所得的薪水、奖金以及股权红利等都投注到扩建工厂上。

亨利一直保持着节俭的生活作风，不喜欢为了个人嗜好而浪费金钱，他不喝酒、不吸烟，就连外出的衣服也只有五六套而已。亨利觉得拥有过多的金钱，或把钱花在无意义的事情上，只会使自己堕落。亨利的个人生活虽很节俭，但只要是对社会有益的事，他都慷慨解囊，毫不吝惜。

亨利在老家买了一块16平方千米的土地，打算给小鸟和其他小动物们做乐园。亨利的家坐落在底特律市区，每天有许多人来拜访，使一家人都无法过清静的日子，克拉拉便建议在令人怀念的卢其河畔建造一幢房子。亨利打算建造一座平房，太豪华也派不上用场，只要住得舒适就好了。后来建造的房子要比亨利构想中的平房大，但与底特律的富有人家比起来，就显得寒酸多了。亨利的家中也没有雇佣太多的仆人，只有少数佣人帮助克拉拉做家事和整理庭院。

50多岁的亨利头发开始逐渐发白，但身体仍和30岁时一样结实，心情也很愉快。他可以在工厂内或乡下连续走上数小时也不觉得累，兴致好时还跳篱笆甚至爬树。亨利还经常在工厂内脱去上衣，与其他员工一起操作机器。

对于亨利来说，人生的每一个瞬间、每一个经验，都是创造新产品的好机会，不可轻易地失去。人生就是要不断地前进，过去的成功只是为将来完成更大的事业作准备而已，不值得骄傲自满。亨利·福特的座右铭就是："当你对自己完成的事感到满足时，应该检查看看你的脑筋是否睡着了。"

T型车虽是亨利引以为豪的产品，但亨利却不敢因此而感到满足甚至松懈，他仍想创造更辉煌的前途。于是，亨利继续鼓励技师和员工，积极大胆地去尝试自己的构想，然后选择出比较好的，由大家共同进行研究改进。

　　福特公司的员工总数已将近两万人了，亨利无法再像以前那样，记住每个员工的名字，拍拍他们的肩膀与他们开玩笑，亨利谈话的主要对象变成了实验室的技师。每到周末下午将要下班时，亨利就经常提一篮水果到实验室与技师们共享，气氛非常轻松和谐。

　　福特公司的员工都以能在福特公司工作为荣。每当要去参加盛大的舞会时，大家都会佩戴上公司的徽章，昂首阔步，自信满满地出门。

反战的立场

宣传和平

1914 年，第一次世界大战爆发。亨利·福特预料到美国一定不会置身事外。但是战争是残酷的，杀人、抢掠，破坏城市和村庄，亨利认为应该设法避免这场悲剧的发生才是，而美国的陆军和海军都在积极备战当中。

亨利对此持反对态度。如果要他为了战争而制造武器，他宁可烧毁福特公司的工厂，也不愿去制造那些杀人的工具。

而詹姆斯对战争的看法却正好和亨利相反。詹姆斯的双亲都是英国人，所以他非常拥护协约国，詹姆斯还试图说服亨利，说："请你不要反对参战好吗？"

"不行！我必须坚决维护和平。"亨利毫不犹豫地回答他。

"是吗？那我只好辞职了。"

"詹姆斯，不要这样冲动，你还是慎重考虑考虑。"

"不必，我已考虑过了。"

亨利听了稍微沉思一下，说："既然你已经决定，我也没有办法，只能这样了。"于是亨利和詹姆斯这对曾经的搭档就这样分道扬镳了。后来詹姆斯走上了政坛，还当选了美国的参议员。

随着局势的越发紧张，亨利为了避免战争、争取和平而四处奔走，完全不计个人的财产损失及生命安危。

1914年，亨利决定把和平构想付诸行动，他计划租一条船，送中立国的和平使节团去欧洲。

要消弭战争，仅靠守在壕沟内牺牲生命的士兵是不够的，必须由爱好和平的人谈判解决。

亨利为此亲自到白宫去寻求总统的支持，他对威尔逊总统说："请总统派和平使节团前往欧洲调停，我愿承担一切所需的费用。"

威尔逊礼貌地说道："福特先生，你想调停战争，维护和平的愿望是好的，但是要维护和平，也许还有比你的计划更好的方法，所以很抱歉，我不能同意你的计划。"

亨利仍不甘心地说道："我已经包下了一艘船，为了和平，请总统好好利用吧。"

总统听了非常惊讶，但并没有因此而改变态度，亨利很失望地说："既然您不愿采纳我的意见，我只好自己去做了。"

第二天，亨利召开了记者会，把自己的计划公之于世。让亨利没想到的是，出席的记者有很多，他本不喜欢在大庭广众之下说话，但此时只好硬着头皮，吞吞吐吐地说："只要是有良知的人，都会努力谋求人类的幸福。我预备组织和平使节团前往欧洲调停，希望能在圣诞节以前，让战壕中的士兵全部撤回。我竭诚希望爱迪生能够支持我的计划。"

多家报纸都用大篇幅刊载了亨利召开记者会的事，但社会的反应却很冷淡。因为当时的美国参战的浪潮很高，德国的潜水艇一再击沉保持中立的美国船只，让全体美国人民感到愤怒。甚至有报纸登出讽刺性的文章说，如果亨利这艘满载和平使节团团员的船也被德军击沉了，那才是自食其果。

民众的愤怒和各方的指责并没有动摇亨利的决心。不管人们怎样讽刺和嘲笑，亨利都不予理会，只想快点实行他的计划。

亨利当然明白这项计划不可能立刻使战争停止，他只是想宣传和平的思想罢了。只要报纸的头版头条不要只关注战事，多出现一些和平的字样，他就心满意足了。

虽然有人抨击亨利的计划，但赞成的人也不少，许多名人都要求加入和平使节团，海伦·凯勒就是其中之一，她说："虽然我要作旅行演说，不能与你们同行，但我却由衷赞成你的计划，并祝福你们圆满成功。"

使团出发那天，遇到了日本的涩泽荣一子爵，当他知道亨利此行的任务时，连声称赞这是了不起的大事业，并祝使团马到成功。

那天的天气很糟糕，但到纽约码头送行的热情民众却有将近15000人，亨利被记者重重包围，记者们纷纷问他："福特先生，请你在临行前为读者说几句话好吗？"

亨利说："我希望大家爱护和平，阻止政府采取备战措施。这就是我的愿望，请你们转达给读者。"

"如果这次远征失败了，你有何打算？"

"我要从头再来，为争取和平坚持到底。"

爱迪生也前来送

亨利·福特（左）与爱迪生（中）

行，并为不能与亨利同行而道歉。

亨利半开玩笑半认真地说："如果你肯同往，我愿酬谢你100万美元。"但听力有些问题的爱迪生可能没有听到，亨利无奈地苦笑摇头。

亨利带领着使团搭乘"奥斯卡二世号"出海了，船上响起了长长的汽笛声，声势浩荡地向欧洲前进。送行的人纷纷在岸边欢呼起来，连嗓子都喊哑了。有这么多人支持，让亨利感到很欣慰，他愉快地向大家颔首告别。

"奥斯卡二世号"上有各行各业的人，包括牧师在内。有位牧师很诚挚地问亨利："你不认为这项计划是为神而做的吗？"

亨利老实地回答："不，我从不曾想到什么神，我也完全不懂这些，我只是在关心人类的利益而已。"

"你难道没有信仰吗？"

"当然有，我的信仰就是人类的善良。我认为只要相信别人，别人就不会背叛你。这是我和福特公司的员工相处得到的结论。"

出发的第四天，亨利就拍电报给各参战国的领袖，大致内容就是要求立刻停战："鲜血已流得够多，人民备受痛苦，战争造成的损失太大了。用枪火弹药无法解决的问题，请回到谈判桌上解决吧！"

各国领袖都没有理会亨利的要求。不久，亨利就听到了来自美国的消息，威尔逊总统已把备战方案提交国会了。

消息在使节团中引起了轻微的骚动，也发生过一些不愉快的事情。这并不影响一行人对和平的渴望，但在维护和平的方式上却出现了分歧：有些人主张世界各国都应解除武装，奉行彻底的和平主义；另一些人则认为既然祖国已准备参战，就应拥护国策，不可任意批评政府，也不能再从事这项调停活动了。

彻底的和平主义者指责对方说："你们既然支持美国备战，为什么还加入使节团？这不是存心想免费坐船去游玩吗？"

经过亨利的调解，两方人不再争执不休，风波很快就平息了下来。但同行的记者却对这件事很感兴趣，用无线电向国内发布新闻，说使节团内部出现了分歧，并讽刺说

"和平鸽飞去了"、"即使坐上和平船，也未必能成为圣人"。像这样的报道在美国随处可见，各家报纸都争相用很大的篇幅刊载。

有一天，船长怒气冲冲地跑到亨利的舱房，说："有些报道简直太能歪曲事实了。我想把与事实不符的报道压下来，请你检查一下再处理好吗？"

亨利平静地说："随他们去说吧。记者是我的客人，我没有权力检查他们写的东西。我相信事实会证明一切，世人早晚会明白我们所做一切的意义。"

"奥斯卡二世号"在一个冬天的早晨抵达了挪威首都奥斯陆。亨利原本打算步行到旅馆的，不料患上了严重的感冒，只好直接到医院去。亨利的病很长时间都没有好转，他只能每天非常苦闷地躺在床上。医生警告他："要早日康复，就必须立刻离开使节团回国，不然可能有生命危险。"

亨利躺在病床上，感觉日子过得真快，转眼间他们已经出发近一个月了。亨利突然想起和克拉拉的约定，当他向克拉拉说起要前往欧洲的计划时，一向支持亨利的克拉拉极力反对，哭着阻止亨利，亨利只好安慰她说："我只是离开很短的时间而已，一个月之后就回来。"克拉拉才勉强答应。

转眼与克拉拉约定的时间就要到了，可亨利却因病不能起程，争取和平的目标也没有实现，亨利心中很是焦急。这时，与他同行的福特公司的管理层人员马基斯一再劝亨利回国，亨利只好离开使节团，返回了美国。

当时使节团正准备前往瑞典，马基斯担心亨利先行返国的消息会动摇他们的决心，便偷偷叫来一辆计程车送亨利离开。不料有几个团员警觉到事有蹊跷，就在亨利上车的时候围了过来要问个究竟。马基斯上前阻止，双方发生争执，最后甚至动起手来。

马基斯在混乱中叫司机开车带着亨利离开。当载着亨利的车驶过使节团将要搭乘的开往瑞典的列车旁时，团员以为亨利要和他们上同一列车，便放弃了争执。

其实亨利也不忍心遗弃他们，实在是有不得已的苦衷。好在亨利返回美国后，使节团的团员仍能坚持不改初衷，在瑞典、丹麦等地宣传和平。当使节团经过德国领土时，德国也客气地放他们的列车通过。使节团的努力奔走最终还是有一些效果的，各参战国之间似乎有了和谈的迹象，这让亨利感到很欣慰，他坚信只要再继续努力，和平的愿望一定可以实现。

这时，有新闻记者恶意质问亨利道："听说你花了50万美元组织和平使节团，是否有所收获呢？"

亨利心平气和地回答："有的。我们唤起人们对和平的希望，这就是成功的起点。"

"但你们也因此而受到各方的责难，关于这一点，你个人有什么感想？"

"我不在乎别人怎么说。当然，我的妻子听到这些恶意批评会很伤心，但我的儿子和我一样坚强，其他人爱怎么说就怎么说吧！"

"为什么呢？"

"你难道没有听过杂草也是很好的肥料吗？这个道理很简单，别人的批评和攻击可以磨炼我们的意志！"

亨利还在美国报纸上陆续刊登许多劝阻战争的大幅广告，但令他感到可惜的是，美国终于参战了。

对于这样的结果，亨利是有心理准备的，他并不认为这些日子的努力白费了，当大多数人保持缄默时，他率先采取了行动争取和平，这种行动本身就具有崇高的价值。这项努力不能获得预期的效果也是意料中的事。亨利坚信成败本无定论，有时候不可能的事也会变成可能。

"福特先生" 耕耘机

美德交恶之后，美国参战的呼声就日渐高涨，情势已经无法阻止了。到这个地步，亨利理智地意识到身为美国的一分子，他应该拥护国策，如果美国执意参战，亨利就打算按照政府的指示，调整福特公司的生产以配合作战，不去计较自己的利益。

亨利虽然爱好和平，厌恶战争，但也不会纵容暴力，眼看自己的国家遭受劫难。对德国潜水艇一再击沉美国船只的事，亨利也深感愤怒。

爱迪生和亨利的好友约翰·保罗博士也一致谴责德国的嚣张。极力主张和平的威尔逊总统也迫于舆论的压力不得不对德宣战。亨利完全能理解威尔逊的决策，即使是一位和平主义者，也不能不对暴力加以制裁！

在美国参战以前，福特公司都坚守立场，拒不接受订购武器的订单。因为亨利认为，帮参战国生产武器，就等同于火上加油，会使战事扩大，与亨利坚持和平的原则背道而驰。

而一旦美国参战，亨利就要改变自己的立场了。为了自己的国家，也为了早日实现自己一直追求的和平，亨利决定投入其中，全力为争取美国与协约国的胜利而努力，并祈祷这次战争是人类最后一次战争。

为了对付德国的潜水艇，亨利设计了一种小型潜水艇，只容一人乘坐，可以潜到敌舰底下，近距离地击沉敌舰。可是这个设计并没有被海军当局采纳。福特公司的技术部门还继续研究出许多新的武器，解决了许多困难问题。

因为美国是在仓促之中宣战的，还没有做好充分的准备，情况对他们非常不利，亨利一心研究新型武器，以争取美国的胜利。

当时以工业为主的英国遭遇了粮荒，没有足够的粮食养活 4000 万人口。在战争开始之前，英国就曾进口大量粮食，但战争使得粮食运输中断，运输船都被德国潜水艇击沉，政府只能积极奖励人民开垦国内的土地，提高粮食产量。但是一旦进入战争时期，人力和马匹都出现了短缺，需要大量的耕耘机。

在这种情况下，设在英国的福特分公司向亨利报告说："董事长，这里急需大量的耕耘机，虽然现在生产耕耘机对福特公司来说实在无利可图，但这关系到整个英国的前途，就看董事长的决定了。"

亨利毫不犹豫地答复说："马上着手生产耕耘机，所需零件由总公司负责。"

生产耕耘机是亨利长久以来的梦想，他想要让福特公司生产的耕耘机和T型车一样既坚固又耐用，价格又很便宜，让每一个农民都买得起。

经过一段时间的研究和改良后，福特公司终于在1917年制造出了一台性能良好的耕耘机。

这种耕耘机最令亨利引以为豪的就是它的重量很轻。好的耕耘机只要拖、拉的力量大，不一定要重量大。就好比猫会爬树，和它本身的体重并没有多大的关系，主要是因为它的爪子具有很大抓力。

福特公司生产的耕耘机的长度与T型车差不多，除了耕田之外，还可当做固定动力来使用，用途很广泛，操作方法也简单，即使是对农业机械一无所知的人也懂得操作。耕耘机的时速为5.6千米，车头装有明亮的车灯，昼夜都能工作，转弯也相对容易。亨利把它命名为"福特先生"。

亨利打算把零件寄到英国，在英国完成装配工作。但是当时德军对英国展开了猛烈的空袭，使得在英国扩建组合工厂的计划无法实施，亨利只好在美国再建一个耕耘机工厂。亨利还想再对耕耘机加以改良，使其性能更好，品质更佳，无奈时间不允许，英方代表不断催促说："我国现在正急着要耕耘机，贵公司的产品已较其他公司优异很多了，就立刻进行生产吧。"

形势紧迫，亨利只好答应他的请求，立刻投入生产。当美国的耕耘机工厂建成后，第一年只作实验性的生产，产量为245部，到第二年产量便增加到将近7000部。

福特公司在很短的时间内，生产出了英国所需要的耕耘机，英国代表很高兴地说："如果没有福特公司的耕耘机，英国可能无法度过这次的粮食危机。"

从此以后，福特公司的耕耘机就活跃在欧美农村的各个角落了，随着产量的不断增加，"福特先生"在农民当中深受欢迎，1918年4月，福特公司在一天之内的产量就达130部。这都是福特公司为争取胜利所作的努力工作。

军需工厂

除了援助英国的耕耘机之外，福特公司也为美国及协约国军队提供军需，制造了很多军车、卡车、救护车。据统计，福特公司往西方战场输送的急救车已达 4000 辆，钢盔 82 万个，如此庞大的需求，恐怕也只有实力雄厚的福特公司可以应对了。

接着，亨利又提出了一个别人认为不可能的计划，就是制造 15 万架飞机。面对大家的质疑，亨利充满了信心，他相信飞机也可以和汽车一样，采用大量生产的方式来制造。亨利最初是在一个记者招待会上公布了自己的计划，他扬言要送很多飞机到前线去击败敌人。

记者问道："你要从哪里获得飞机呢？"

"自己制造。"

"可以像汽车一样大量生产吗？"

"当然可以，我还打算一次做 1000 架。"

"你已经有详细的计划了吗？"

"没有。详细的计划不利于灵感的产生，我认为拘泥于计划的人，与河里的死鱼没有差别。"

虽然亨利下定决心要制造飞机，政府对此却并不同意，只允许福特公司生产飞机引擎。亨利只好遵从政府的指示。

政府除了让福特公司生产飞机引擎之外，还委托亨利制造小型船舶。当时还没有适合制造船只的工厂，因此便决定由福特公司负责承造。福特公司在这方面没有经验，有些人担心会失败，不肯接受这个任务。但为了支持国家作战，亨利仍然决定接下这个任务。

亨利提议制造强力小型驱逐舰来对抗德国的潜水艇。这原是海军的事，亨利需要和海军当局磋商，但是他对职业军人一向没有好感，当海军的代表前来找亨利协商时，亨利就不客气地说："战争结束以后，你这件军服也可以脱掉了。一旦战争结束，你们这些军人还有什么用处呢？"

亨利不熟悉军舰的构造，所以要求在船上装蒸汽轮机，由海军设计，福特公司采取大量生产的方式进行生产。

福特公司制造的驱逐舰上装备了防空武器和攻击潜水艇用的 12 厘米口径炮，并且还加装爱迪生所发明的电波侦测器，用来探测潜水艇用。船身比亨利设想的要大，有点像小型战舰，不太像驱逐舰，因此被命名为"鹫型舰"。福特公司全体员工都拼命赶造鹫型舰，甚至连吃饭都是一手拿着三明治，一手继续工作。

完成制造军舰的任务后，福特公司又开始忙着制造战车。开始的时候政府只要亨利改良战车的装甲板，福特公司很快就生产出来了，新产品的重量只有以前的一半，强度则和以前完全相同，政府很满意，便要求福特公司制造可容两个人乘坐的两吨半装甲车。

对于生产小型装甲车，亨利很有信心，毕竟它和汽车、耕耘机等较为相似，不像制船，那是亨利完全陌生的领域，装甲车就不一样，亨利相信能做得很理想。

不久，福特公司就完成了生产装甲车的任务。这种装甲车能在雨点般的机关枪扫射下继续前进，里面的两个士兵则可以拿着来复枪以一当十。

陆军对福特公司的装甲车十分满意，一口气就订购了15000辆，不过战争快结束了，这些装甲车也未能发挥它的威力。

战争期间，出于爱国的情绪，福特公司的员工都对出生在德国或父母是德国人的员工有些歧视。然而亨利却对他们一视同仁。他觉得每一个员工都是公司的好员工，也是美国的好公民，不能盲目地计较员工的国籍；就算他是敌国的人民，只要在福特公司尽忠职守，亨利就把他视作自己的同胞。当时底特律的盲目爱国者们很激进，只要别人的名字带有德国味道，便不经思考地予以歧视。

负责制造飞机马达的员工里，有一个名叫卡恩的人，因为他出生于德国，所以公司里有人就主张把他从这项具有军事机密的计划调出，亨利并没有采纳他们的建议。没过多久，密歇根州的各家报纸刊登了这件事。其中有一条新闻这样写着："福特公司聘用一个德国籍青年卡恩制造军用机的马达，据说这个青年非常热爱他的祖国，而福特公司的董事长却不肯把他调走，看来如果卡恩把马达的设计图泄露给敌人，也许福特先生还会默许吧。"

亨利觉得这些报道都非常荒诞可笑。卡恩已取得了美国国籍，曾发誓永远对美国忠诚，而且还是福特公司的模范员工，在公司已经有12年的工龄了。这次生产军用机马达，主要就是靠他，福特公司才能用最少的经费，为国家制造高性能的产品。这些盲目的指责实在是毫无道理。

亨利不仅不在意这些报道，还打电话安抚卡恩，让他也不要介意，亨利说："不要难过，也不要担心，我绝对相信你是一位诚实忠厚的人，如果他们要把你处绞刑，我一定会先上绞刑台。"

福特公司的宗旨是为人类的福祉而努力，从来都不做任何危害社会的事业，但是人们却总是武断地干涉福特公司的内部事务。其实，大家在战争期间都被强烈的爱国心蒙蔽了理智，经常使无辜的人受到困扰，亨利理解这些，也只好尽量用平常心面对各方的指责和中伤。

福特公司仍继续大量制造各种武器，包括飞机马达4000个，鹭型舰60艘，汽车、卡车、救护车的总数达39000辆，耕耘机也生产了34000部，其他如钢盔、子弹箱、装甲板、防毒面具等更是不计其数；此外，生产装甲车的准备工作也差不多完成了。但是战争已经接近尾声了，鹭型舰还没有击沉过敌人的潜水艇，装甲车还没有开始大量生产，而军用机马达也只用了两三个月而已，这些军需大部分都没有发挥它的真正效用。

福特公司的产品中，真正派上用场的，就是那些没有直接参战的卡车和救护车，耕耘机也为英国和美国的农业贡献了很大的力量。还有汽车，在前线也很活跃，一时间好评如潮。

福特公司的救护车也受到了大家的赞扬，曾经有一个救护车驾驶员，对救护车的性能非常满意，便作了一首打油诗：

小型车，真坚固，

性能好，最快速，

大型车也自叹不如！

小型车，真神气，

救人行善称第一。

我要如何呼唤你？

啊，亨利·福特所造的你！

　　亨利从来都不想发战争财。在他看来，为了赚钱而生产武器无异于欺骗善良爱国的同胞，因战争而赚来的钱都沾满了血腥，所以亨利从一开始就打算，假如生产军备能获得利益，他一定要全数捐给国家。

亨利·福特与儿子（右）和孙子（左）

但事实上亨利根本就不曾在战争中获得利益。在生产军备的两年中，福特公司所得到的利润只相当于以前的三分之一，公司的运营完全靠销售普通车来支持。虽然得到的利润减少，但为了国家，亨利感到很安慰，很光荣。

股权风波

1915年秋天，亨利的儿子埃兹尔成婚了，女方家很富有，但结婚典礼却简单又不失隆重。在婚礼上，亨利一直悠闲地把手背在后面，脸上挂着自然的微笑，站在克拉拉的身边。那时的埃兹尔已经在福特公司做了一年的秘书工作，亨利相信这对他一定有很大的帮助，埃兹尔将来也一定能更努力地为公司服务。一想到不久之后就可以抱孙子了，亨利就兴奋不已，他憧憬着美好的未来，想象着如果经营顺利的话，福特公司可能会成为祖孙三代的公司呢！

在开始要生产耕耘机的时候，亨利就打算和那些只出资金的股东作个了断。他觉得对公司没有实际贡献，只因为拥有股份就可以坐收红利的人，就像社会的寄生虫一样，对公司完全没有好处。所以亨利决定独资经营福特耕耘机公司，完全没有其他股东参与。

同时，亨利又计划在海兰帕克创办一个规模更大的工厂，为了确保资金周转不会出现问题，亨利就想减少股东的红利。

不过为了公平起见，减少股东红利，当然也包括亨利在内，他想如果减少其他股东十美元，自己就要减少六十美元，这样做大家才能心服口服。

股东们都强烈反对亨利的这项提案，其中一个大股东还向法院提出控告，强烈要求废除扩建工厂的计划，恢复以前的股东分红办法。在法庭上，股东们的律师千方百计地让亨利承认自己的计划是不合理的，与亨利作了以下问答：

"福特先生，你认为贵公司赚更多的钱不好吗？贵公司是否已赚很多钱啦？"

"我想是吧。"

"那么，你已对赚更多钱不感兴趣了吗？"

"可是，要想不赚钱也不容易呀。"

"你虽不想赚钱，实际上却很赚钱。"

"是的，我一直赚钱很多，不过这正是因为我无意赚钱，才能自然而然地赚钱。"

"这我倒要请问你，既然你不想赚钱，又何必创建福特公司呢？"

"我创建公司的目的，是为全人类谋求利益，也只有这样的出发点，才能保持一直赚钱。"

"但你的经营方针却是用高工资雇用许多员工，再以低廉的价格出售产品，请问这是否与赚钱背道而驰？"

"不。你不妨试试看，自然就能赚钱，这有一定的道理。"

三个月后，法院做出了最后的判决，要求不能减少股东的红利，但可以扩建工厂。

亨利对这项判决非常不满，便想辞去董事长的职位，另外组织一个独立的公司，与福特公司没有任何关系，这样一来，那些像寄生虫的股东就无法不劳而获了；而且，亨利还想把它发展成一个理想的公司，完全按照自己的想法经营。他打算雇用多于福特公司四至五倍的工人，制造出与福特公司完全不同的汽车。

当股东们听说了亨利的计划时，便开始骚动和紧张起来。如果亨利再组织一个比福特公司更大的公司，并大量生产汽车，那么就会与福特公司竞争市场，福特公司的利益就要大打折扣了。如果公司的利益大幅下降，那股东们自然也分不到多少红利了。

这个消息导致一时间人心惶惶，很多股东都自动退出了，亨利就趁机把洛基兄弟和詹姆斯等大股东的股权买了下来。

到1919年，亨利终于可以随自己的意愿来经营福特公司，不必再为说服大股东们而费脑筋，也不必再另创新公司了。一想到自己不再是空谈理想的理想家，而是可以把理想付诸行动的实践者，亨利就情不自禁地在办公室内欢快地跳起来。

参加竞选

亨利曾在美国参加第一次世界大战之前极力倡导和平，甚至还为此投入了很多财力和物力，各大报纸争相报道他的行为，亨利最终以"和平主义者"闻名于世。所以，当威尔逊总统决心准备参战时，就有很多反对参战的人推举亨利为反对党代表，和威尔逊相抗衡。因此亨利也成了密歇根州的共和党总统候选人之一。

起初亨利并没有把这件事放在心上，他觉得自己也一定不会当选，所以并不甚在意。但投票结果大大出乎他的意料，亨利竟成功当选，而且比其他候选人多5000票；两个星期之后，亨利又在内布拉斯加州获得了很高的投票，在《圣路易报》所作的民意测验中，亨利也备受关注和支持。然而亨利本人却对当总统毫无兴趣，他立刻发表声明，放弃候选人的资格。亨利认为，他之所以能够顺利被提名，不仅是因为他是和平主义者，更重要的是他采用了大量生产方式制造T型车，公司实行了日薪五美元、八小时工作制的制度，赢得了大家的赞赏，所以才能得到这么多票数。

除此之外，以威尔逊为首的民主党也支持亨利的竞选，可是亨利自觉对政治毫无所知，根本不适合当总统；而且亨利曾经和威尔逊进行过数小时的长谈，觉得威尔逊是一位极富人情味的政治家，对他印象很好，所以亨利决心放弃竞选，改为全力支持威尔逊连任。

在竞选期间，民主党向亨利寻求财力支持，不懂政治的亨利起初还感到奇怪，觉得没有必要为政治花钱，所以就答复民主党说："花钱从事政治活动太不像话，我个人对任何政治活动，绝不捐助一分一毫。"

亨利的原则使他们感到非常失望。后来亨利明白了竞选要作必要的宣传，需要一笔不小的宣传费用，既然他决定了支持威尔逊连任，就应该尽一点力量，因此便决定承担新闻宣传的广告费。最后再加上广大民众的支持和拥戴，威尔逊终于成功连任了。

"一战"结束的前期，共和党积极筹划要从民主党手中夺取议会的领导权；威尔逊为了争取美国在国际联盟中的发言权，也想在议会中增加民主党的势力，双方展开了激烈的竞争。亨利所在的密歇根州一向是共和党的地盘，但亨利支持威尔逊总统的立场是很坚定的。

有一天，威尔逊邀请他到白宫，要求亨利参加民主党参议员的竞选。亨利对这件事不感兴趣，便婉转拒绝了。但威尔逊再三请求他，说："福特先生，假如你想实现和平的理想，就要把握这个重要时机，参加密歇根州的竞选，来支持我们达到和平的目标。不要以没兴趣为理由，为了和平，你一定要参加竞选。"

亨利最终被威尔逊诚恳的一席话说服了。这样一来，民主党为拥有一支强大的生力军，而感到非常振奋和高兴。而密歇根州的另一位候选人，杰出的企业家纽贝利与亨利正好相反，他非常热衷于政治活动，不断举办政见会，经常在报纸上发表自己的政治见解，还大搞宣传活动，不惜在这上面花大把的金钱。而亨利就显得低调很多，他一向不喜欢在大众面前说话，只办过一次政见会，再加上他从事选举活动的意愿也不是很强烈，不想为选举花无谓的钱。在亨利看来，花钱参加公职选举，是亵渎选举的神圣，完全不是一个守法的公民应该做的事。亨利也没有去争取本公司员工或商店的投票支持。他希望每一个公民都不受任何干扰，都能有自己独立的判断，只有在自由意志下进行的投票，才是公正、公平的投票。

选举的最终结果是，纽贝利得到 217088 票，亨利得到 212751 票，以大约 4300 票之差落选。不过对于亨利来说，能够在共和党的传统地盘上获得这么多票，已经是非常不容易的了。而且后来纽贝利被检举有贿选的嫌疑，尽管最高法院因证据不足而没有起诉他，但对他来说已经是留下了无法抹去的污点。相反，亨利虽然落选，却输得光明磊落，虽败犹荣。

自由的声音

在亨利参加选举的时候，反对党发行的报纸对他进行了恶意的攻击，他们肆意歪曲事实，欺骗广大读者。亨利心里明白，这些报纸都被银行家所操控，完全没有表达自己想法的自由，银行家要它说东它就说东，要它说西就说西。

亨利不能容忍他们一直这样误导大众，决心要把自己谋求人类利益的理想，借着报纸原原本本地转达给读者，这时亨利深刻地体会到，是有必要自己发行一份报纸了。他请在福特公司当推销员的克拉克负责筹备发行报纸的事。恰好当时《迪尔伯恩独立报》经营不善，濒临倒闭，克拉克便把它整个买下来。亨利很喜欢《迪尔伯恩独立报》的名称，于是决定继续沿用。

亨利希望《迪尔伯恩独立报》能坚守公正、公平的原则，决心要把它打造成一份维护美国与世界自由的报纸。发行方式是每周出刊一次，亨利还在报上保留了自己的专栏，以便发表自己的见解。

报纸的发行进行得很顺利，唯一的问题就是印刷机过于老旧，基部还有裂痕，零件也有些松动甚至脱落，克拉克很生气，亨利倒不怎么介意，还安慰他说："没关系，如果实在不能用，就干脆拆掉改成耕耘机吧。"

亨利叫人把印刷机装置在耕耘机工厂内用来印发报纸。当印刷机运到工厂时，一些员工不明白怎么回事，上来就七手八脚地想把它拆解，亨利赶紧阻止他们，叫大家把印刷机擦干净，说："这部印刷机虽然很陈旧，但修理一下应该还可以用，要先擦拭干净，然后查出毛病在哪里。"亨利还特意嘱咐大家，凡是修理机器时，都要先把机器擦干净。

印刷机被擦干净，再重新组合以后，就可以投入使用了。机器运转得非常顺利，没有任何毛病。以前操作机器的工人对亨利说："这台机器从未运转得这么顺利过。"在这以后的几年中，印刷机也没有再出现故障。

亨利发行《迪尔伯恩独立报》并不是要赚钱，所以也不用招揽广告来增加收入，但亨利也绝不把它当做是福特公司的宣传工具。民众订阅一年只需一美元，而这份报纸的成本超过了五美元，所以报纸从一开始就亏本，而且越畅销就亏损得越多。但亨利执意要继续发行下去，不在乎会损失多少钱，他把《迪尔伯恩独立报》当做是把自由、和平的声音传达给大众的桥梁，是让全美国人坦诚沟通的一份报纸，绝对不可为了利益而半途而废。

《迪尔伯恩独立报》发行的那一年，亨利的强烈反对战争，主张和平的思想就引起了其他报纸的质疑，《芝加哥论坛报》

认为亨利是"无政府主义者"，甚至批评说："亨利·福特不但是一无所知的理想家，而且是一个叛国贼。"

亨利不愿去理会这些恶意中伤的话，但他的法律顾问却愤怒地说："董事长，对这样无理的侮辱，你不应该再保持沉默，应立刻采取法律行动。"经过律师的再三要求，亨利决定控告《芝加哥论坛报》。

审判开始，亨利以证人的身份出庭。但这一次与以前的"夏尔旦讼案"在性质上有着根本的不同。审判的重点是以政治和社会问题为重心，亨利显得有些辩才不足。他从小就是一个机械匠，小学毕业后就忙于工作，没有时间继续进修，所以虽然在技术问题方面亨利很有信心，但在其他知识上，他有时甚至比不上一个小学生。更糟糕的是亨利最怕在很多人面前说话，着急的时候往往一个字也说不出来，《芝加哥论坛报》的律师针对亨利的这些弱点，毫不留情地攻击他。

这些弱点让亨利的律师感到很棘手，尤其是当亨利说出对自己不利的话时，对方就立刻抓住破绽，大肆攻击，亨利的律师只好极力辩护。

亨利就一个人愣在法庭上。他总是懊恼地问律师："我话已说出，又留下了记录，这可怎么办呢？"

律师安慰他一定会设法维护他的利益。

在一次庭讯中，亨利的律师正想尽办法为亨利辩护时，一架飞机在窗外飞过，亨利便立刻离开证人席，走到窗户旁对律师说："你看，这架飞机在作低空飞行。"

律师感到很尴尬，连忙劝亨利回到证人席。

不久，亨利又看到一只小鸟停在窗台上，便情不自禁地对律师说："一定要拿食物喂他，不然它是不会飞下来的。"

就这样，法庭认为亨利是真正爱好和平的人，最终判决亨利胜诉，《芝加哥论坛报》也因此被罚六分钱。

现在回想起来，这个判决有点可笑，虽然罚款不多，但对《芝加哥论坛报》来说却是一件不光彩的事。

直到 1941 年，《芝加哥论坛报》的社长写了一封信向亨利道歉，信中说：

> 以前本报曾经恶意批评你，实在非常抱歉。我想可能是战争使人失去判断力，感情较冲动的缘故吧。现在第二次世界大战正激烈进行，而与此相同的事却仍在世界各地重现，这真是世间难以避免的争端啊！

在竞争中前进

战后的萧条时期

"一战"结束的那天早晨，许多装甲车停放在耕耘机工厂，还没有被送出去。亨利一面指挥工人把这些剩余的装甲车放到一边，开始准备生产耕耘机，一面又打电话给政府请求立刻停止武器的生产。政府的人听到亨利的话感到很惊讶，说："如果现在就停止生产武器，那损失将会很大的。"

亨利平静地说："损失利益算得了什么呢？只要能看到和平也就值得了。"

亨利第二天就到制造军用机马达的工厂察看，发现生产仍在继续，亨利便立刻叫他们停止。

1919 年春，威尔斯突然离开了福特公司，这一对亲密无间的好搭档终于结束了多年的合作。回想起从第一号福特车的出产，一直到 T 型车的成功，他们一起为福特公司和汽车事业而不懈努力，威尔斯在改良汽车方面做出了很大的贡献，他的离去，实在让亨利感到遗憾。亨利认为威尔斯的辞职，可能是因为不满亨利的经营方针。亨利认为 T 型车的制造技术已经算是很完美了，他现在更注重怎样实现大量生产和降低价格。但威尔斯却希望在技术上能有更大的突破，亨利所热衷的生产方式，已经让威尔斯感觉不到有什么发挥的空间了。为了报答这些年来威尔斯对公司的贡献，公司赠送他160万美元的退休金。

战争使得过去几年的汽车产量大减，而战后汽车的需要量却迅速回升，开车越来越像读书、写字一样，逐渐成为人们必备的技能，所以当时的汽车市场出现了供不应求的现象，各大汽车公司都不得不赶制汽车。这时福特公司一年的产量就达75万辆，占全国汽车总产量的百分之四十，不过这与亨利拟定的100万辆的目标还差很远，客户的大量订单还是无法得到满足。有时甚至连半新的车也能按照新车价钱出售，甚至还卖到更高的价格。

然而这种情况并没有持续多久，美国很快就出现了经济大萧条，亨利为了渡过难关，立刻召开股东会议，讨论降低汽车价格的问题。股东商讨出的降低价格幅度，在亨利眼里还是太小了，亨利把预先写在纸上的价格给大家看，立刻遭到了股东们的激烈反对。亨利主张把福特公司生产的五种汽车，分别降低100~200美元。各股东纷纷表示说："大幅度降低价钱会拖垮公司的，而且公司目前还有15万辆的订单，根本不必急着降低价钱。"

亨利说出了自己的理由："战争中由于物价波动得很厉害，我们的汽车才不得不提高价钱；现在战争已经结束了，如果物价不变的话，就会阻滞社会的进步，所以我主张恢复到战前的价格。"

当时，生产汽车的材料价格比以前还贵，降低汽车的价格一定会亏本，但是亨利决心要承担这项亏失，他要把这种正确的经营方法扩展到全国的企业当中。

亨利终于说服了各个股东，福特公司开始了美国工业有史以来最大幅度的降价。这项措施让其他汽车公司很愤怒，纷纷指责福特公司说："这样大幅度的降价，反而会让客户以为还会继续降下去，而采取观望的态度不买汽车，这种做法真是太愚昧了。"

不过其他公司骂归骂，也开始实行价格改革。两天之后，富兰克林汽车公司跟着降价，接着是斯蒂庞克公司。因此有人说："福特把汽车价给搞乱了，不过这样的价格正好符合我的愿望。"亨利始终认为，高价政策并不是最好的经营做法，人们都以为高价出售汽车就能获取厚利，殊不知这样一来，一般人买不起车子，就会连低价出售时所能得到的薄利也没法获取了。

经济萧条的情形越来越严重，亨利不得不再度降低汽车价格，但汽车销量仍然没有起色。福特公司所有的组合工厂已经停止生产，数万零件堆积在那里。最后总公司不得不采取停工措施，只发给员工足够维持生活的工资，让他们暂时休息一下。人们听说要关闭工厂，停止生产，心里都很害怕，纷纷问亨利："公司要裁员了吗？"

"不，你们还可以当警卫，看守厂房。"

听了亨利的回答，大家放下心来，在寂静的工厂内充当警卫。有时，有人穿着溜冰鞋或骑着自行车，在工厂内奔驰玩乐。

亨利为了节省经费，卖掉了工厂和办公室中所有不用的设备，像多余的办公桌、打字机、电话以及削铅笔机等都被处理掉了。这时的亨利只得用小刀来削铅笔。

福特公司停止生产后，许多银行都以为福特公司遇到了资金上的困难，纷纷找到亨利要借钱给他。亨利一向很讨厌这些现实的家伙，也没有打算要向他们借钱，便拒绝了他们的好意。但是这些人并不死心，不断派代表到亨利的办公室，让亨利感到十分厌烦。亨利只好对其中一位代表说："福特公司在资金上没有任何困难，我们仍有足够的钱可以维持下去。"

来人却坚持说："不，你此刻正需要钱，不要骗我，你的存款还有多少，我们也调查得一清二楚了。"

接着，银行代表又向亨利提出重建福特公司的方案，正当讨论有所进展时，银行代表突然问道："请问贵公司主管会计的人是谁？"

亨利听了很不高兴，不耐烦地反问："这和你有关系吗？"

"当然。从今以后，福特公司要请会计，人选必须和我们商量。"

亨利听了非常生气，觉得这是很不合理的要求，凭什么他们提供资金，就要干涉公司的人事事务呢？亨利立刻对他下了逐客令说："请你出去！"

亨利宁可自己承受资金困难的压力，也不愿再和他们谈下去。好在经济状况在不久之后逐渐好转，亨利便决定重新开始生产汽车。市场对汽车的需求大增，只要把产品送到零售店卖出去，资金就不难获得了。

扩建新工厂

利用输送带的连贯作业大量生产虽然在海兰帕克的工厂基本实现，但如果要进一步完善这个生产方式，就需要有更宽敞的厂房。亨利决定在卢其河畔买下一片土地来兴建工厂。

卢其地区地势低洼，容易淹水，远离底特律市区，有许多人认为这里不适合建工厂。但是亨利有他自己的考虑，自然不能因为地势的问题而改变计划。所以亨利坚持以福特公司的名义，在卢其河东岸买下了800万平方米的建设用地。

亨利要实现连贯作业的生产方式，要进行大量生产，所以计划建造的新工厂一定要面积大。不过这个新工厂的规模还不算是最大的，很早以前美国就有了规模庞大的企业出现。如标准石油公司的各类工厂、销售公司等，他们的厂房遍布全国各地，甚至拓展到五个大陆。还有制造火药的杜邦公司、电气领域的通用公司，以及通用汽车公司等，他们的规模都非常庞大，而且设备也很完善。

海兰帕克工厂连贯作业方式，只是从制造汽车的材料到完成整部汽车而已，这离亨利的设想还差一截。现在他打算扩大生产方式，从原料到输出汽车，都采取连贯作业方式。也就是说，用福特公司的船只、铁路，把煤、铁、木材等原料运到工厂来。而卢其河畔的新工厂就可得到地利之便，这是其他工厂所不具有的条件。亨利打算把靠近工厂的河道挖深、扩大，建造一个港口。

由于距离市区很远，亨利可以在卢其地区自由扩大工厂的建地，不必为了节省用地而建造高楼、装设电梯，那样的话也会影响工作效率。而只建一层厂房，就只需用铁轨或输送带把每座建筑物连起来，要省时省力得多，可大幅提高生产效率。在连贯生产方式中，很多时候输送作业都要比制造产品更为重要，这是不可否认的事实。

卢其工厂的建设计划需要几年来完成，亨利一直在现场监督工程进度。有一天他到现场巡视，感觉一堵墙不符合设计，当时那堵墙已完成了一部分，亨利上前测量查看，结果发现与设计图相差了一厘米，于是立刻请他们拆掉重建，亨利则继续到别处视察。

拆墙壁的费用是亨利自己负责的，不是花公司的钱。亨利一向注重品质，不能有丝毫的马虎，哪怕是只有一厘米的误差也不行。

卢其工厂的第一号熔矿炉不久就完成了，亨利年仅三岁的孙子亨利·福特二世成了点火典礼的主角。小家伙还不会划火柴，亨利就帮助他在炉内点火，所有的参观者都在那一刻鼓掌欢呼，亨利让孙子坐在肩上，高兴得大叫起来。

熔矿炉完成后，便开始生产福特公司特有的钢铁。亨利得意地问公司的技术人员："各位，世界上能使钢铁业兴起的最佳地方是哪里？"

大家互相观望，不知道怎么回答，亨利接着高声说："让我告诉各位吧，就是现在你们所站立的地方。全美国再也找不到这样理想的地方了。"

福特公司缺少生产钢铁的经验，查理斯就派技术人员到其他钢铁公司学习，观摩实际作业的技术。当他们要出发时，查理斯说："各位这次出去见习，不但要学习制钢技术，更重要的是要思考如何超越他们，将来成为别人的模仿对象。所以，请各位一定要专心学习。"

除了钢铁以外，福特公司也计划制造玻璃。之所以会想到制造玻璃，是因为有一天，亨利看到一辆组装完成的 T 型车后面的玻璃有波浪纹，亨利便找制造玻璃的技师，对他说："你不能把这样的玻璃装在汽车上，如果再使用这种品质的玻璃，我们的事业就会被搞垮的。"

后来亨利明白这是技术人员的技术还不纯熟，而且战争导致了很多物资的缺乏，玻璃也不例外，所以才会出现这种残次品。为了保证玻璃的品质，亨利立刻创设玻璃工厂，制造品质优良的玻璃。后来许多玻璃制造商都到福特公司来参观，学习他们制造玻璃的方法。

　　与此同时，运输原料的计划也进行得很顺利。亨利不但开辟了港口、收买铁路，也开辟了高速公路。一些目光短浅的人都惋惜地说："福特公司竟把钱投入无底洞中。"亨利完全不在乎别人的看法，仍旧坚持自己的计划，他进行过估算，只要把铁路收买过来，并改善工厂设备，就可节省百分之二十的运输开支。

　　还有一个问题困扰着亨利，如果所有的原料都向外采购，不但价格不稳定，有些投机者还会趁机抬价，甚至为了等待价格升高而故意囤积不肯出售。福特公司的工厂就曾因为煤炭商囤积货物不肯出售，最终停工了五天。亨利一气之下，便收买一些铁矿、煤矿以及生产木材的森林，只有实现自给自足，才能摆脱投机商人的摆布。

　　生产汽车还需要大量的橡胶，但世界上有半数以上的橡胶都产在东南亚，现在由英国人经营，价格也不稳定。因此，亨利和爱迪生一起研究，看看除了橡树以外，是否还有其他树木可以提炼出橡胶，结果这项实验宣告失败。于是亨利就在巴西亚马逊河流域种植了一大片橡胶园，把它命名为"福特之地"。

　　1923 年，卢其工厂的全部建设终于完成了，新工厂占地宽一千米、长两千米以上，共有四十四栋厂房，员工总数超过 40000 人。

　　经过四年的不断成长，厂房增加到 100 栋，员工人数激增到将近 75000 人。就连厂房的清洁工都多达 5000 人。这些清洁工每月共耗损 5000 支拖把、3000 支扫把、86 吨肥皂，才能维护地板和墙壁的整洁。

这时候的福特公司已经以卢其工厂为中心，铁矿来源也由密歇根州的铁矿山扩展到了巴西内陆，工厂和分公司遍布于世界 23 个国家和地区。

新的尝试

福特公司曾为第一次世界大战制造军用机引擎，虽然生产随着战争的结束而停止了，但亨利却从此开始关注飞机事业的发展。

当时的飞机技术还很不成熟，性能也不好，负载量小，飞行距离很短，而且几乎没有如飞机场那样的配套设施；即使有也非常简陋。因此，亨利认为改良飞机的性能是很有必要和前途的工作。

亨利听说在底特律有一个叫做威廉·萨达特的机械师，正在研究用金属制造飞机。他设计的飞机很优秀，但政府却拒绝给予研究援助。这位机械师便下决心说："既然政府态度这样冷淡，为了维护汽车发祥地底特律的面子，我只好靠自己的力量来制造飞机。"

终于在不久之后，他完成了飞机的制造，但还有一个问题就是，当时的底特律还没有机场可供他作飞行实验。亨利知道后便邀请萨达特到迪尔伯恩来，对他说："我很佩服你的毅力和研究精神，我愿为你提供机场的用地。"

萨达特非常高兴，立刻去找场地。他看中了一块地，那是福特公司预备将来建厂用，并已花一笔钱整理过的土地。一个股东站出来反对，亨利平静地说："从前这是公司的厂房用地，但从今天开始，就是飞机场用地。这是一项进步措施，请您支持。我们要用这块土地建一个世界上最大的飞机场。"

亨利果断地作出决定，然后开始叫人用福特耕耘机整平地面，不到一天工夫就全部整平了，可以让飞机自由地在上面起飞和降落。只要再配备相应的设施，飞机场就算大功告成了。亨利要向外界开放这个飞机场，让所有飞机都能自由升降。

机场完成后的一天早晨，亨利出来散步，恰巧遇见了萨达特，他们便坐在堆积在一旁的原木上聊天。萨达特对亨利说起自己制造飞机的抱负，亨利安静地倾听，对他的志向非常赞赏，他说："要使飞机的生产工业化，必须花费很多资金，如果你在这方面有困难，福特公司愿意帮助你。"

于是亨利下决心全力支持萨达特创立飞机制造工厂。然而不幸的是，当装有三座发动机的飞机正在实验性的制造阶段时，工厂却发生了火灾。火灾造成的损失非常严重，全部设施被烧毁，包括厂房以及刚完成的一架飞机、未完成的三架飞机，还有引擎等，都化为灰烬。

萨达特的心情极度沮丧，失落地徘徊在引擎和机体的破片旁边,亨利安慰他说:"你不用太难过,这正是一个好机会。"

"什么?好机会?"萨达特惊讶地问道。

"我们可以重新建设一个更大更好的工厂,还可以建造一个机库。"

经过亨利的安慰,萨达特终于恢复以前的斗志和愉快的心情。亨利说到做到,立刻着手实行兴建大飞机工厂的计划。

1927年的夏天,发生了一件具有纪念意义的事情。林德伯格成功地完成横贯大西洋的飞行壮举,成为世界闻名的空中英雄。他一返回美国,便到亨利兴建的飞机场作飞行访问。亨利和埃兹尔坐上他的爱机,这是亨利第一次坐飞机,他感到兴奋和新奇。

后来,萨达特的飞机生产进行得很顺利。在1927年的一年时间里,完成了86架飞机的制造,这也是最顺利的一年。第二年就开始出现经济不景气的现象了,销量下跌到26架;第三年更糟,只卖出21架;第四年最惨了,只卖出3架。亨利只好在1932年的时候停止了制造飞机,专心致力于福特公司的老本行——制造汽车。

福利事业

1921年5月,福特公司的第500万辆汽车生产完成了。随着卢其工厂的不断成长,组合工厂、分公司的数目与规模也不断增大，零售店多达一万家。在美国的汽车销售市场中，福特公司的产品一直占据着半壁江山。

福特公司的成功很大一部分要归功于面向大众的定位。而在当时，喜欢购买豪华汽车的人也日渐增加。那些价格比福特汽车贵、外形更加美观、坐起来更加舒适的汽车也开始受到了越来越多的关注。通用汽车公司就针对这一点，把雪佛兰的外形和机械加以改良，迎合顾客的要求，虽然价钱提高了，但是销售也非常不错。

高级车的兴起让亨利倍感压力，但亨利最终还是决定坚持和以前一样的路线，也就是维持优良品质，尽量降低价格。1924年，福特公司将生产的敞篷式T型车的价格降低到了300美元以下。性能这么优良的汽车，竟以这么便宜的价格出售，除了福特公司以外，还没有任何一家公司有实力这么做。

此外，生产和销售零件也为福特公司带来一笔可观的收入。在一般的百货商店里就可以买到福特公司生产的汽车零件，而且为了顾客的方便，福特公司还可以邮寄给顾客所需的商品。

亨利对于损益的计算及事务性的问题都不感兴趣。公司的干部提出这方面的问题时，亨利就故意避开不谈。有时公司召开讨论经营问题的会议，众人一时讨论不出结果，亨利干脆就说："你们慢慢讨论吧，等有了结果我再回来。"

亨利经常到乡下调整自己的状态，静静思考有关的问题。当外面有人有事找他时，职员的答复经常是"福特不在"。公司上下都知道这件事，甚至职员之间发生不便解决的事，也会随口说出"福特不在"的话来。

亨利一直认为自己并不适合担任董事长，经过一番慎重的考虑后，他把福特公司董事长的位置让给了当时还不满30岁的埃兹尔。埃兹尔在汽车生产方面的经营理念和亨利差不多，他的个性很文静，却是一位很称职的董事长。埃兹尔经常对人说："福特公司是家父创设的公司。每当要作重要决定时，都仍请我父亲以最高负责人的身份来参与决策。"

福特一直很重视公司员工的健康和幸福，经常过问工厂的清洁、舒适和安全问题，绝不允许自己的工厂像其他工厂那样又脏又乱。为了使光线良好，亨利把工厂内的天花板和较高部分的墙壁，都涂上略带黄色的白色；为了不刺激员工的眼睛，亨利叫人把机器一律罩上略带黄色的绿色罩子。此外，工厂的楼梯扶手被涂成黑色，警报器是红色的，清洁工每两小时清倒一次垃圾桶。亨利也很注意空气的流通、饮用水的温度，电话更是每天消毒。福特公司的工厂安全度远比其他工厂要高，甚至比乡下农业生产的安全性还高，一直保持着工业生产安全的最佳纪录。

亨利从来不赞成任意开除员工。就算员工不努力工作，也要尽量用劝导的方法，督促他们认真做事。在经济萧条时期，许多公司都给员工减工资，福特公司反而提高工资。为了鼓励员工储蓄，亨利让员工拿三分之一的薪水向公司投资，这种做法对员工只有好处，没有坏处，就连海外的员工也争相加入投资储蓄的行列。有一段时间，五分之四的员工都成为了福特公司的投资者。

继日薪五美元、工作时间八小时的制度之后，福特公司又施行了一周工作五天的上班制。如果一周休假一天，员工就没有充分的时间与家人在一起，所以亨利把休假改成两天。

但是，如果因此而降低员工的薪水的话，反而会影响他们的生活，亨利就又主动把日薪提高两美元。这次实施的七美元制，比15年前的日薪五美元制更让大家兴奋不已。汽车价格越来越便宜，员工薪水却逐渐提高，这就是亨利的经营方针。

亨利从前也是一名机械匠，他能够体会出广大员工的辛苦，所以亨利从不压榨劳工的血汗，总是为他们设身处地地着想，而不是自己坐享成果，享受舒适的生活。

亨利把员工当做家人一样爱护，但是工会却把他和员工分成劳工与资本家两个阶级，所以亨利对劳动者组织的工会一向没有好感。亨利认为美国是讲求平等的国家，不应有阶级的划分，为什么要把这平等的社会分成若干阶级，使人们站在对立的立场上互相争执呢？亨利认为如果一定要划分，可以勉强分成劳动者与不劳动者，这才合乎情理。

亨利讨厌对立和争执。当然，如果劳工必须靠这种组织来保障自己的利益，那工会就有存在的必要。但亨利认为自己并不是特权阶级，他的生活很平凡，和一般的员工没什么两样。亨利觉得劳资问题在福特公司根本就不存在。然而随着社会的发展，亨利也不得不承认福特公司的劳工们所组成的工会。

虽然亨利对福特公司的员工没有直接捐助，但是却经常做一些对社会有益的事情。例如，福特公司为了帮助移民员工所办的英语教室，后来亨利还兴办了福特工业学校，收到的效果也很好。

亨利创办的福特工业学校，聘请了大学教授弗里克·希尔先生担任校长，招收一些贫苦人家的子弟入学，由福特公司负担一切学费。亨利还设立了奖学金制度，更好地帮学生解决生活经费的问题。记得有一年，全校的学生中竟有五分之四是出自单亲家庭，身世非常可怜。学校成立以后，自愿来求学的人数一天比一天多，创校第四年的时候，学校招收学生400人，有6000人自愿入学而被拒绝。亨利对希尔校长说："请你把这个悬殊的数字倒过来吧。尽量收容学生，不要让那么多人徘徊在校门外。"

希尔校长听了亨利的话，决定每月收容400名新生，可是又过了四个月，情况反而更加严重。因为人们知道福特工业学校放宽了入学的名额限制，前来报名的人数便一下子激增到16000人。希尔校长早上七点钟到学校时，就已经有100多人在门外排队了。

有的人接连几次都遭到拒绝，就从佛罗里达州跑到底特律找亨利，还带着一大堆的推荐信，看到他固执地要就读福特工业学校，亨利便答应帮他申请。还有一个人竟特地从马尼拉偷渡过来。这个学生毕业后回到菲律宾，最终成就了一番事业，他曾经写信告诉亨利说："我想在马尼拉设立福特工业学校的分校，请您准许好吗？"亨利非常高兴，立刻回信嘉许他，对他表示赞赏和感谢。

学校授课的原则是实践重于理论，因此理论课和实习的时间比例是一比二。学校的老师态度认真，设备完善，从那里出来的学生在有些方面比公立工业学校的学生更优秀，有时学生还没毕业，便有许多公司到学校寻找人才了。报纸的招聘广告中，也经常可看到这样的话语："征求熟手，福特工业学校毕业生优先录用。"在经济萧条的时候，很多大学毕业生都不容易找到工作，可是福特工业学校的学生却从来不曾受到这种困扰。

有一个本校毕业生到某公司应征，发现到场的应征者非常多。该公司的人事主任悄悄地把他拉到一旁，说："我们非常愿意录用你，而且希望你能多介绍几个贵校的同学来这里。"

毕业生一毕业就被各大公司争抢一空，希尔校长觉得很可惜，为难地对亨利说："福特公司培养这么多优秀青年，自己还没有录用，都被别人雇去了，真是很不划算。"

"这有什么关系呢？只要对社会有益就好了。我们应该继续培育更多的优秀人才，造福整个社会。"

亨利经常在工作之余和爱迪生以及保罗博士到乡下郊

游。有一天，他们一同出游，看到了湍湍而流的河水，亨利突发灵感，觉得水这样平淡无奇地流入海中非常可惜，应该把它加以利用，作为工厂的动力。如果能把工业发展到农村，农民的收入就会增加，生活就会得到改善。亨利原是农民出身，他一直希望能改善农民的生活，这和他制造耕耘机的初衷是一样的。

城市里有着高度发达的工业，大批的年轻人离开农村到城市工厂求职。然而在亨利看来，在地价昂贵、住宅紧缺、交通混乱的都市里生活，还不如在农村生活来得舒适。但是很多农村的年轻人并不这样认为，所以亨利觉得只有把工业带到农村来，才能让农民留在乡下。当然，这并不意味着要让农村与工厂竞争发展，而是要彼此相辅相成，在农忙时期，人们就在田里耕作，农闲的时候再回到工厂工作，待遇与福特公司员工一样，这样农民的生活就更幸福了，可以从整天辛勤工作的生活中解脱出来。

亨利决定以后，便在卢其河上游买下了一家面粉工厂，把陈旧的工厂改建成了真空管工厂，有效地利用了水车作动力，还雇用了300名农民进行操作。此后，农村地区也陆续出现一些大小不一的工厂。

福特公司开办的这些农村工厂，在农民当中很受欢迎。如果按照亨利的想法经营顺利的话，农村的工业面貌就可大为改观。从前，农民是在家里进行生产，现在却把场所转移到工厂来。而且，工业化一旦在农村扩展开来，农民就可一面享受家庭生活，一面参加工厂的生产行列，是件一举两得的事情。

不过这些农村工厂在开始生产时就亏本了。利用水车当动力的生产效率并不理想，徒增人力和设备费用的负担，但是如果怕亏本而不肯继续坚持，一切计划都不可能进行下去，也就不用谈什么造福社会了。何况亨利始终认为只要对社会有意义，就算失败了也无所谓。

亨利还买下了底特律的一家医院。克拉拉曾经在那里动过手术，为了报答他们给克拉拉的服务与治疗，亨利经常捐助这家医院。在这家医院经营不善、难以维持下去的时候，亨利便以优厚的条件把它买下来，整顿一番，给它命名为"福特医院"。

1919 年，福特医院开始营业。它是一所公开、独立的医院，并非福特汽车公司的附属医院，不论白人、黑人，基督徒还是佛教徒，任何人都可以到这里来看病。这是一所属于大家的医院，不但有许多优秀的医生，设备也非常完善。

做了这么多事，亨利还是不满足，他决定在迪尔伯恩设立历史博物馆，让大家了解美国各时代的生活情形。为了搜集陈列品，亨利到各地去收购旧的机械、工具以及建筑物等。在这些建筑物当中，有作曲家诞生的旧宅，有林肯当律师时大展辩才的法庭，还有爱迪生在少年时代因做化学实验而被赶出来的那个旧火车站。

亨利特地在博物馆的一角，按照爱迪生以前的实验室、办公室、工厂和书房等建筑样式，进行模仿重建，这些都是为了纪念伟大的发明家爱迪生对人类的贡献。在开馆典礼那天，82岁的爱迪生也亲自到场参观。看着自己以前工作过的各个场所，爱迪生无限怀念地捧起地上的土说："啊，这就是我的故乡新泽西州的泥土！"

亨利回答说："是的，为了能更真实地建造这些，我特地要他们在您的故乡载了好几卡车的泥土来。"

爱迪生高兴地在房内左顾右看，对这一切感到非常惊讶，他说："福特先生，这个建筑有百分之九十九与真实相同。"

亨利好奇地问道："那百分之一的偏差在哪里呢？"

爱迪生与他的实验室

爱迪生有点不好意思地笑着说:"我以前的房子哪有这么干净?"

开馆典礼这天,除了爱迪生以外,许多著名人物都来参加。有发现镭的居里夫人、发明相对论的爱因斯坦,以及胡佛总统、飞行家莱特兄弟等。

亨利和克拉拉都热心公益,在社会福利事业上共花费了4000万美元,但是让人奇怪的是,亨利却对所谓的"慈善事业"一毛不拔。在他看来,在这个文明的社会里,根本不需要"慈善"。那只是有钱人为了满足自己的虚荣心,沽名钓誉而已,相比之下,亨利更愿意帮助人学会自力更生。在亨利看来,如果随便施给别人"慈善",不但会使这个人丧失重新站立起来的勇气,还会使他产生惰性,削弱他的意志。

告别T型车

随着 T 型车的普及,福特公司在海外的组合工厂产量也不断增加。在世界范围内,T 型车也备受青睐,要比欧洲其他国家的优秀车型受欢迎。日本关东地区发生大地震时,日本政府为了恢复东京的交通,特意向横滨的福特工厂请求援助,福特工厂就以 T 型车的车台制造了大约 1000 辆小型巴士。

亨利对 T 型车的信心一直都没有动摇过,他认为没有任何汽车比 T 型车更坚固、更优秀、更便宜。尽管外形不太美观，感觉上也没有那些高级车舒适，但却是地地道道的实用车。

尽管如此，亨利对 T 型车也不是完全满意，他早就有制造更好的汽车的打算。可是在一辆新车被成功制造出来之前，亨利不愿随便依照别人的意见来改造 T 型车。经常有一些零售店建议把 T 型车改成较适合潮流的形式，亨利的回答总是："等我死后，你们爱怎么改就怎么改吧，只要我活一天，谁都不能随便改 T 型车。"

福特公司的技术部门也有人建议说："T 型车太高了，何必做这么高呢？"他们都建议改造 T 型车，而亨利一直坚决反对。

亨利承认人们对汽车的要求改变了，可能有些人不再喜欢这种只讲求实用的 T 型车，而更喜欢舒服美观的高级车了。但无论如何，亨利都认为不能忽略汽车的实用性。如果大家都一味赶时髦，只追求新型的汽车，那么等过了几年，原来最流行的车型又落伍了，难免又想买新车，亨利十分不理解这种奢侈的做法。

随着时代的不断发展，许多小规模的汽车公司都免不了被淘汰的命运，只剩下少数规模较大的公司还在坚持。不断更新汽车的制造技术是汽车公司生存的必要，然而单靠性能的优劣来取胜的时代已经过去了。性能好是应该的，但如今还要设法改进外形，同时使乘客坐起来更舒适。

在男人都上战场的战争时期，驾车的女性越来越多，她们讲求外形美观、座位舒适。而此前马作为主要的交通工具，大多由男人充当驾驶，威风凛凛。现在以汽车代步，许多都市女性都是开车的能手，她们对汽车外形的美观与流行情况比较敏感，一律涂成黑色的 T 型车显然不会受到女性的喜爱。1925 年，亨利终于决定与时俱进，同意改变 T 型车的颜色。

这时的 T 型车仍旧是汽车业界的先锋，尽管雪佛兰性能优异，但它终究不是 T 型车的对手，从两者的销售量上就可以看出明显的差距。雪佛兰采用了各种优秀的新技术，外形也比 T 型车美观得多。然而看一下 1914 年的销售情况，T 型车销售了 190 万辆，雪佛兰却只卖出了 28 万辆。

但到了第二年，T 型车就风光不再，销售量开始下降，雪佛兰渐渐迎头赶上。1925 年，T 型车的销售量为 170 万辆，雪佛兰则增加到 47 万辆，而且劲头十足。为了应对雪佛兰的竞争，亨利还是以不变应万变，采取和以前相同的措施，一面改良 T 型车的部件，一面降低价格。1926 年时，T 型车的价格降到了 500 美元以下，甚至还有过 360 美元的时候。但是降低价格并没有挽回 T 型车的颓势，销售量仍然一年不如一年。而原本 500 美元的雪佛兰后来价格又提高了 15 美元，却依然大受欢迎，销售量由 47 万辆，一跃增加到 73 万辆。一些零售店和推销员便开始不再看好 T 型车，认为 T 型车不作改革就没有前途，纷纷要求脱离福特公司，有的甚至还转而与其他公司合作了。

亨利每天都接到大量的信件，内容基本上都是抱怨 T 型车太落伍了，应该再推出可以取代 T 型车的新车。其中甚至还有一些亨利的好友寄来的信件，他们在信上说："如果在纽约繁华的街道上停着一辆 T 型车，就会有一群人围着它指指点点，批评它的缺点。在以前，大家一定会赞美它，可是现在人们却用不屑的眼光，冷嘲热讽它为老旧的古董车。"面对众人的反映，亨利不禁动摇了原本的信念，开始重新考虑这个问题。

埃兹尔也很委婉地劝亨利说："您是 T 型车的创始人，您的理想也已经实现了，我一直为 T 型车的成就感到骄傲。但是您只要看看马路的情形，就可以知道时代变了。我们应该积极研制新型的汽车。"

亨利看看周围的人们，他们都在期待他能够制造新车。终于，亨利放弃了自己固执多年的想法，停止了 T 型车的生产，转而全力研究新车。

1927 年 5 月，一辆刚组装完成的 T 型车缓缓驶离工厂。车身上用银色的漆写着"第 1500 万辆福特车"，车里的驾驶员是埃兹尔，亨利就坐在他的旁边。福特公司的管理层人员都跟在后面，再后面就是福特公司的技术人员，大队人马在蒙蒙细雨中开向迪尔伯恩研究所。这是一场盛大的纪念会，纪念第 1500 万辆，同时也是最后一辆 T 型车的问世。

T 型车停产后，工厂的机械运转也逐渐缓慢下来，最后终于停止了。亨利和往常一样，累了就活动活动筋骨，然后对大家说："从现在开始，请大家着手研制新的汽车吧！"

福特公司不再生产 T 型车的消息传出后，也有很多喜欢 T 型车的客户觉得惋惜。有客户说："我已经买了好几辆 T 型车，但仍想再多买几辆，请贵公司继续每年生产五万辆好吗？"一位住在新泽西州的贵妇人，听到 T 型车停产的消息后，一口气买下七部新的 T 型车，并表示自己一辈子都不愿乘坐其他汽车。还有很多 T 型车的忠实用户更加珍惜自己现在所拥有的 T 型车，对其勤加保养。

这些都让亨利很感动，为了答谢这些客户对 T 型车的厚爱，亨利表示会在停止制造 T 型车以后的五年里，继续生产 T 型车的零件。

至此，在汽车史上曾有过辉煌业绩的 T 型车，最终退出了历史舞台。但是严格地说，T 型车的历史还远未终结。因为它的坚固耐用，曾经有人把它当做卡车使用 15 年，它的行走距离已达数十万千米，更难能可贵的是，在这期间，那辆 T 型车从未经过大检修，只送到工厂作过两次简单的修理而已。

新车大战

转眼间亨利已经 64 岁了，而取代 T 型车的新车不知什么时候才能研制成功，这是亨利心中最大的烦恼。

多年来，福特公司都承担着全世界半数以上的汽车生产任务，为 12 万人提供了工作岗位，光是美国总公司的组合工厂就有 36 家。这样一个庞大的机器，要它停止运转，是需要很大的决心和勇气的。从设计新车、采购工厂机械、完成连贯作业大量生产，到销售在这段时间内，这么多的员工、设备都要暂时停止不用，给亨利造成了很大的压力。

取代 T 型车的新车需要多久的研发时间，它最终能不能出现，这已不单是亨利或者福特公司本身关注的问题了，全美国人都在谈论这个话题，被关注度甚至超过了总统选举。

亨利不在乎要用多少时间，他只要精益求精，所制造的新车，必须从外形到性能都做到最好，而且要以和 T 型车完全不一样的面貌出现在大家面前，完全符合时代的要求，从前车灯到后面的警示灯，整个车子都要经过彻底的改革。当然，一向讲求实用的亨利还是认为外形并不是最重要的，技术的改进才是问题的关键。亨利希望新车不论在哪一方面，都能比 T 型车更出众、更便宜。

亨利和全体技术人员都对上述目标具有充分的信心，他们坚信一定能制造比雪佛兰更好的汽车。亨利虽然不是拿破仑，但他的字典里也找不到"失败"两个字。从前的 N 型车、T 型车，以及大量生产的实现，都是在亨利的坚持下顺利完成的。所以，对福特公司能不能研发出比 T 型车更好的汽车这个问题，福特公司上下所给的答案都是肯定的。

研制一辆新车，通常需要花费一年以上的时间。而在这段时间内，福特公司将没有收入了。这在亨利眼里是无关紧要的，但对经营部门来说却是一个严峻的考验。所以技术人员也不得不积极着手研究和设计的工作。

亨利虽然年事已高，但仍旧和以前一样，努力地参与研究。一想到要创造一件全新的产品，亨利就兴奋不已，甚至一连好几个礼拜都不眠不休地工作着。

亨利打算建一间新的设计室，他对设计主任说："你想在哪里工作，就在哪里建设计室吧！"起初，设计主任在研究所内选择了一个较小的房间，亨利便建议他换一间稍大的，最后他们搬到了迪尔伯恩耕耘机工厂的一个阅览室里。阅览室里原本有一个暖炉，是亨利平时最心爱的，设计主任看上了那间阅览室，亨利便决定把它拆掉，设计主任听了连忙劝止，最后，亨利决定请木匠把它隔成两间，并提议在墙上挂一个大黑板。当一切布置妥当时，克拉拉赶来参观，她看到阅览室被隔成两间，很不高兴地说："好好的房间，为什么要搞得乱糟糟呢？"

但克拉拉明白亨利这样做的用意后就不再生气了。亨利在房内放置一张有扶手的椅子，经常坐在椅子上观察大家设计新车的情形。有时，技术人员在黑板上画设计图，亨利也会提一些建议，关于新车所需的零件，亨利也参与了大部分的讨论。

整个研制过程中，最麻烦的问题就是引擎。亨利一直想要制造一种既轻便又坚固的引擎，省油的同时，时速可达八九十千米。埃兹尔对欧洲的跑车非常了解，所以在这方面，他对研究提供了很大的帮助。

引擎研制成功后发动速度很快，在时速 8 千米的时候加速到 40 千米，只需要八秒的时间，当时一般六汽缸或八汽缸的车子都无法办到这一点。以前 T 型车的最高时速只能达到 60 千米，但新车的引擎却可达 100 千米。

亨利决定先生产 20 辆试验车，完成之时亨利亲自去试车。亨利尽可能站在客户的立场来感受新车。当他坐进驾驶座时，故意很用力把车门关上，然后又用力踩踏板，接着就全速行驶在崎岖的路上。他还故意让车压过石头和树枝。试车结束后，亨利对大家说："还摇晃得很厉害，必须再装上水压式防震器。"

有人反对说："那种装置太昂贵了，对这种廉价车来说，成本不够。"

亨利毫不犹豫地说："再贵也要装上去，不要吝惜钱，先把汽车造好再考虑价格的问题。"

亨利从不愿意去考虑新车的外形问题，但是为了迎合客户的要求，又不得不在这方面加以改革，最后亨利把外形设计的工作都交给了埃兹尔。埃兹尔把汽车涂成四种颜色，结果深受客户的喜爱。

亨利认为新车价格绝对不可超过 T 型车，和 T 型车价格持平是他的底线，而且每个车种都要比雪佛兰便宜 100 美元以上。这样一来，新车的性能虽然超过 T 型车，但福特公司给它的定位仍然是针对一般市民的实用车，不是奢侈豪华的高级车。

亨利将新车称为"A型车"。A型车的原型虽然出来了，但是还有一连串的问题要解决。例如，要生产这种和T型车截然不同的汽车，必须把工厂所有的机器都加以改装。新车的零件有5500多种，他们要从最基本的改起，最终完成全部的改装。除了卢其工厂之外，还有分布在美国各地和海外各处的将近50余家的组合工厂急需改装，可谓是一件浩大的工程。

然而让亨利感到欣慰的是，在福特公司数万员工的同心协力下，全部的改装工作竟然只用了不到半年的时间。这期间，福特公司没有得到政府和其他公司的任何支援，仅凭借着福特公司惯有的高效率，就迅速完成这项大规模的改装，这种例子可以说是前所未有的；甚至有人推测，在以后的汽车工业中，也不会再发生类似的情形了。

设备的大改革虽然顺利完成了，但亨利心上的沉重负担并没有减轻，直到大量生产A型车的准备工作完成后，亨利才松了一口气。其实，亨利自己也没想到，在64岁时所遇到的最艰苦的工作，竟然在半年之内就完成了。

当福特公司把A型车展示给大众时，展览馆人山人海，甚至要出动警察维持秩序，在美国只展览了一天半，观众就超过了1000万人，欧洲展出的情形也一样。在英国，为了方便前去观展的人，当地铁路局还特意加开一列通往伦敦的快车。

A型车一亮相就受到了多方的好评，在各地的展览无一不造成轰动效应，所以在新车还没有正式出售时，福特公司就已经收到了 40 万份订单。鉴于福特公司无法在短期内满足这样庞大数量的订单，很多政界、财经界、演艺界的名人就想要拉拉关系，只要与福特公司的干部稍有交情的都会请求他们先卖一辆给自己。所以在当时，能买到最新出厂的 A 型车的人，大都是在地方上很有声望的人。

原本在 A 型车还没有大量生产之前，通用公司的雪佛兰的销量已遥遥领先，居于汽车行业的最顶端。通用公司向来以制造高级车为主，坚决不生产比福特公司便宜的汽车，总是比福特公司的产品贵 100 美元以上。通用公司的技术每年都在更新，外形也力求美观豪华。当亨利打算制造 A 型车时，通用公司也立刻研发六汽缸的新车，大家都纷纷猜测，到底 A 型车和新的雪佛兰谁会占上风呢？竞争太激烈了，在结果出来之前谁都无法判断。

福特公司的竞争对手并不只有通用公司，克莱斯勒公司也是个不可忽略的强敌。他们的普里木斯汽车性能优异，足可和福特公司一较高下。而一些想和福特公司、通用公司挑战的小规模汽车公司，大都惨遭败北的命运。

当克莱斯勒公司完成了引以为豪的普里木斯汽车时，董事长克莱斯勒先生便立刻坐上去，直接将车开到了福特公司的迪尔伯恩研究所。亨利和埃兹尔带他在研究所里参观了大约两个小时，克莱斯勒急于炫耀他的新产品，迫不及待地要让亨利看看他的汽车。亨利和埃兹尔坐上他的车后，他便得意扬扬地试车，然后对亨利说："我把这部汽车送给你，我自己坐计程车回去。"

经过一番仔细研究，亨利不得不承认普里木斯汽车在某些方面的确胜于 A 型车和雪佛兰，后来普里木斯汽车在某些地区也很畅销，克莱斯勒公司也因此成为美国第三大汽车公司。当时福特、通用、克莱斯勒三家公司的产量，占全国汽车总产量的百分之八十。

1928 年，雪佛兰的销售量超过 A 型车 20 万辆；不过到了第二年，A 型车的大量生产完成时，福特公司就逐渐占了优势。那时福特公司一天的产量由七八千辆，一路增加到 9000 辆，到了 1929 年 2 月，福特公司完成了 100 万辆 A 型车的生产。1930 年，福特公司总共生产了 536 万辆 A 型车，销量也比雪佛兰多 40 万辆。

海外分公司

亨利的家坐落在卢其河畔，在那里，亨利可以自由活动，可以充分地休息而不用担心别人的骚扰。克拉拉每年都悉心种植大片的蔷薇花，不过亨利并不喜欢种花，闲暇时间就锻炼身体，散散步，溜溜冰，或者是跳篱笆。偶尔会有一些重要的客人要见，"石油大王"洛克菲勒来拜访亨利时，正赶上他在外面活动筋骨，亨利便由窗户跳进客厅里，吓了洛克菲勒一大跳。

亨利喜欢跳舞，他和妻子克拉拉就是在舞会中认识的。但是亨利不喜欢那种两个人跳的舞，他喜欢很多人一起跳的方块舞，觉得那种团体舞既可以锻炼身体，又可以结交朋友。空闲时，亨利就和克拉拉编印舞蹈书籍，送给员工和学校的学生。亨利认为这种充满趣味性的、有益身心的舞蹈是非常好的娱乐活动，应该大加推广。

虽然年过花甲，但亨利的身体很好，除了他喜欢运动的缘故，更重要的是他生活得有节制。亨利从不喝酒、不抽烟，饮食也很讲究。酒在亨利的眼中是和大脑势不两立的，喝醉了脑筋就不灵敏了，香烟也一样，对身体只有坏处没有好处。

在工厂内，为了保持卫生和确保安全，亨利禁止工人抽烟喝酒。当时许多员工喜欢嚼烟，亨利觉得嚼烟时吐出来的烟渣很不卫生。有一次，亨利听说了一件事，一位喜欢嚼烟的员工看到上司来了，就赶快把烟渣吞了下去，最后导致生病了。亨利听后只好准许他们抽烟，但要求抽烟的人必须随身备着烟灰缸，以保持厂房的整洁。

美国成为世界最大的汽车工业国后，汽车的出口量也随之增加，而福特公司的出口量远远大于其他汽车公司。为了保护本国的经济利益，很多国家都采取限制进口美国车的措施，并积极开发国产汽车来和美国车抗衡。

这时，福特公司的 A 型车在英国有两个劲敌，一个是奥斯丁汽车，另一个是莫利斯汽车。由于当时英国的马路太窄，在英国的福特公司只好将 A 型车改造成较小的 Y 型车（又称为"小福特"），这种小型车在英国和欧洲大陆都非常畅销。

福特分公司在法国的销售进行得不太顺利，法国人具有强烈的国家意识，政府又采取措施保护国产汽车品牌雷诺和西特兰，所以福特公司的销售成绩不太理想。

在意大利，福特公司也碰了个钉子，墨索里尼取得政权后说，如果福特公司不和意大利的汽车公司合作，就不准福特公司在意大利设厂。而福特当然不会屈服。

至于在德国，福特公司在纳粹政权还没有建立起来时业务发展得很顺利。除了德国的宾士车外，属于通用公司关系企业的奥培尔也有可观的成绩。这两种车性能都很优良，福特公司在这样激烈的竞争下，销量仍然很好，光是分布各处的服务店就有 500 家。

但是自从希特勒建立纳粹政权以后，情况就大大改变了。当希特勒打算在五年之内，在德国本土制造 300 万辆汽车时，他想到了设备完善、技术优良的福特公司。于是希特勒向福特公司提出要求说："不要再制造 A 型车了，还是协助德国制造国民车吧。"

要牺牲福特公司的名誉，屈服在纳粹政权之下，亨利当然不会做出这种违背良心的行为。亨利知道希特勒是一位具有政治野心的人，他不想助纣为虐。于是德国分公司的经理最后被调回国，德国分公司的业务也因此而结束。

至于在亚洲，亨利曾先后在横滨、神户设立组合工厂。在 1928~1929 年间，福特公司投资了 270 万美元，于横滨市郊兴建了一座新工厂。工厂的落成典礼吸引了 1500 位来宾，横滨市市长还亲自在典礼上致辞。然后亨利又在横滨的饭店举行盛大酒会，由泥土、钢筋、玻璃所建成的美轮美奂的工厂成为大家热烈讨论的话题。酒会的气氛非常融洽，亨利和埃兹尔也都发表了致谢辞。

　　不过当时日本对汽车进口也有严格的限制，再加上由于战争的原因中日关系恶化，导致横滨工厂的产品只能在日本本土销售，销售成绩自然更不理想了。

　　总而言之，分布在海外的福特分公司大都发展得不太顺利，都没有辉煌的业绩。而且大多数国家的汽车生产技术也都比较发达，本国的汽车品牌会和美国的汽车竞争，这些亨利早已经预料到了。

　　同样，亨利在海外设立分公司也不单单是为了赚钱。如果在工业不发达的国家或地区设立工厂，带动了那个地方的经济繁荣，那将是亨利非常乐意看到的，所以亨利故意选择在偏僻的郊区建厂。其他国家能够不依赖美国，而自己制造国产汽车，是一件让亨利感到很欣慰的事。因为工业进步，国家也会跟着繁荣；只要所有的国家都变得繁荣富强，就可以实现世界和平了。亨利绝不像一些贪婪的企业家那样，看到其他国家的汽车工业兴起，就担心会影响到自己的国外市场。亨利认为这种高工资、大量生产、价格低廉的趋向，早晚会普及全世界，因此积极协助发展中国家实行工业化，是工业发达的国家不可推卸的责任。

　　苏联为了发展自己的汽车工业，向福特公司请求技术援助，亨利很高兴地答应了。当时亨利在苏联的知名度，差不多仅次于列宁和托洛斯基。

奋斗的人生

漂亮的V8

亨利曾经高估了 A 型车的畅销。鉴于 T 型车一直畅销了 20 年才退出历史舞台，亨利自认 A 型车要比 T 型车更优秀，肯定也会和 T 型车一样能够持久地占据市场。但出乎亨利的意料，A 型车只畅销了短短四年。随着汽车工业的发展，客户的要求也在不断提高，他们已经不再只关注汽车性能的好坏，他们要求的是外形美观，坐起来舒适的新车。

A 型车完成不久美国就出现了经济大萧条，严重的经济不景气使很多汽车公司都倒闭了，就连像斯蒂庞克这样著名的汽车公司，也没能渡过这个难关。

亨利觉得经济不景气正是对经营者贪婪的制裁，也是对忽略贫苦农民的生活、滥用分期付款制度的企业家的处罚。

为了渡过这场危机，亨利又采取以前的方法，主张降低 A 型车的价格。因此，当福特公司宣布降价后，通用公司、克莱斯勒公司也跟着采取同样的措施。但 A 型的双座轿车仍比同样车种的雪佛兰和普里木斯便宜。只有安装了四个车门的 A 型轿车和雪佛兰、普里木斯价格相同。尽管福特公司进行了大幅降价，但 A 型车的销售情况仍然逐渐变坏，克莱斯勒公司的普里木斯车却越来越好。福特公司迫不得已，只好再更新改革自己的技术。

　　亨利原本想把 A 型车改良后，再制造 B 型车，然而不幸的是，改良的 A 型车仍不能让客户满意，亨利便决定要制造一种超过雪佛兰，装有八汽缸引擎的新车。这是亨利在听到雪佛兰要装六汽缸引擎时就有的想法了，却直到现在才下定决心付诸行动。

　　福特公司的技术部门再次埋头研究，终于研发出由两个

亨利·福特与V8引擎

169

或三个引擎组合成的八汽缸引擎。但是这样一来成本就变得很高，汽车将无法降低价格，亨利又告诉技术部门说："我们要制造的八汽缸引擎，只需要用两个四汽缸引擎组合起来就可以了。"

技术人员纷纷表示这不可能做到，亨利却坚持说道："一定可以，大家试试看吧。"为了尽快实现这个目标，亨利也亲自加入到了引擎的研究工作中。经过了半年的努力研究，福特公司的第一个V8引擎终于问世了；又过了半年的时间，他们完成了第二个V8引擎；此后，技术部门加快了研发速度，不久就完成了25个甚至30个引擎。紧接着技术部门又进一步进行各种实验，研究怎样降低V8引擎的成本。最后，符合亨利要求的完美的V8引擎终于完成了，前后历时三年。

V8引擎的动力能达到65马力。生产V8型车虽然不必像生产A型车时那样彻底改装机器，但是仍然需要对福特工厂内的机械作一些改动，有些在外面买不到的机械只能自己制造。

V8型车在所有福特公司出品的汽车当中是外形最美观的车种，它气质高雅，车体低，外侧的材料是不锈钢，显得干净明亮；由于座位低，弹性好，坐起来很舒服；大量橡胶的应用使车体行驶很平稳，震动时的杂音很小。V8型车共包括14个车种，最高价格为650美元，还有较便宜的460美元。和福特公司以往的车一样，V8型车也是一般市民所钟爱的实用车，但具有不逊于高级车的良好性能。

经济的不景气还在持续，但 V8 型车的问世，仍然成为人们热烈谈论的话题。亨利对于击败雪佛兰有了自信。但是经过了这两次的大更新，从 T 型车到 A 型车，再由 A 型车到 V8 型车，福特公司的利益损失相当大，最终被通用公司和克莱斯勒公司超过，以前居于第一位的福特公司，现在沦为美国第三大汽车公司。

经济危机

在 1933 年的经济危机中，富兰克林·罗斯福当选为美国总统，他想方设法要振兴美国经济。他下令国家复兴局制定了"工业复兴法案"，这个法案的主要措施就是缩短工作时间，采用最低工资制，这样一来就能够缓解失业问题，让各公司雇用更多的劳工。法案赢得了其他汽车公司的一致赞成，大家立刻按照法案进行改革，采取一周工作 35 小时的上班制，每小时最低工资为 43 美分。

亨利却对这个法案一点也不赞成。他能理解政府这样做的苦衷和想法，但他也坚持自己的想法和原则。为更多的人开放工作机会是亨利一向的追求，但如果要配合其他汽车公司，按照复兴法案上的规定，采取新的时间制，那么福特公司将会有 9000 人面临失业，这是亨利不愿意看到的事情。

更重要的是，根据法案的标准，一周工作 35 小时，一小时的劳动报酬仅有 43 美分，周薪就相当于只有 15 美元，这样一来，员工们恐怕又会出现生活困难的状况了。亨利倒觉得可以尝试提高工资，增强他们的购买力，用增加消费的方式来刺激工商业，最终使经济复苏。每当亨利要降低汽车价格时，就会提高员工薪水，但是福特公司却从来没有因此而亏本。所以亨利有理由认为在经济不景气的时候，更需要提高员工的薪水。亨利有一次对记者说："那些所谓的政治家和一些政府官员，都无法振兴汽车工业，如果有这种'超人'，我愿意向他讨教。事实上，汽车工业的复兴，要靠汽车公司自己去想办法。"

亨利的话让那些政府官员非常生气，他们为了逼迫亨利就范，拿停业来威胁福特公司，取消了政府向福特公司订购卡车的订单，还采用各种不利于福特公司的手段企图压制亨利。舆论在当时也分成两派，有人指责亨利不知好歹，竟敢和政府作对；有人却支持和同情亨利，指责政府的措施不合理。

亨利和复兴局对立了很久，终于在 1935 年被告到了最高法院，不过审判的结果是亨利获胜。判决文如下：

> 限制福特公司的发展，将会间接影响到美国各州的商业活动，这是违反美国宪法的行为。也就是说，工业复兴法案违反了美国宪法保障企业自由的规定。

随着审判结果的出炉,工业复兴法案也被勒令停止实施。

亨利在卢其工厂附近开辟了一个农场,在那里种植各种植物,亨利最感兴趣的就是大豆。他常想,如果能把大豆油用在汽车工业上,就能够增加农民的收入了,于是亨利把大豆带回了研究室。亨利用特殊的汽油把大豆油榨出来,然后制成了一种亮漆,这种漆不容易变质,可以做很好的涂料。亨利立刻对油漆员说:"福特公司的汽车要涂上这种油漆,才能够保持长久而不褪色。"除此之外,大豆还可作喇叭钮、油门的踏板等汽车零件的原料,用途很广,还可用来生产肥皂、甘油和印刷油墨等。当亨利的新发现传开以后,底特律的报纸便报道说:"福特想在农场生产汽车。"

不久之后,首届美国农场化学协议会在底特律召开。亨利想进一步了解农作物在工业上的用途,也去参加了这个会议,他还希望在这个会议上能见到一个他仰慕已久的人。

亨利在人群中不停地寻找,终于发现了那个人,他有些驼背,穿着西装,是个其貌不扬的黑人,唯独眼睛很有神采。亨利立刻跟他打招呼:"乔治·卡巴博士。"

亨利一面上前和他握手,一面继续说:"久仰大名,很早以前就想一睹博士的风采了。"

卡巴博士是一位著名的植物学家,也是很杰出的化学家。亨利和他不但年龄相近,而且都相信人生最重要、最有意义的事是工作,所以二人谈得非常投机。卡巴博士听了亨利的有关大豆的实验情形后,说:"过去我一直用花生作实验,从现在起，我也试试用大豆来实验。"

卡巴博士住在南方，亨利在那里买下一片农场，雇佣那些贫苦的农民工作，并开办了几所学校，其中有一所就命名为"卡巴学校"。

四面八方的祝福

1938 年是亨利和克拉拉结婚 50 周年，亨利和克拉拉都想要好好庆祝一下这个来之不易的金婚纪念日。这对他们来说，是比福特公司更重要的纪念日，亲朋好友都向他们送上了真挚的祝福。大约有 70 万人给他们写祝贺信，签名祝贺的卷幅长达 3.2 千米。他们还上了纽约的头条新闻，新闻标题就是"克拉拉与亨利"：

> 克拉拉和亨利虽然是一对富有的夫妻，但是他们的生活却非常节俭。克拉拉没有染过头发、用奢侈的物品、请大批的佣人，亨利也从不赌博。他们的感情一直很好，到现在还经常一起跳舞。他们是世界上精神最富有、最幸福的恩爱夫妻。

亨利邀请了 400 多位朋友参加在底特律举行的庆祝仪式。客厅全部用白花装饰，走廊两侧是两道用小小的白色天竺葵编成的花堤。亨利和克拉拉在结婚进行曲和大家的祝福声中愉快地前进，一直走到尽头一块精心设计的蛋糕处。

还有很多朋友在其他地方为他们举行了盛大的庆祝会。当时有一位牧师颁给他们一张结婚证书的复印本，亨利一看便禁不住大笑起来，对克拉拉说："你看！我当时大概太紧张了，竟把亨利的第一个字母 H 写得这样别扭。"

春天，亨利和克拉拉刚刚庆祝完结婚纪念日，夏天又恰逢亨利的 75 岁生日。亨利原本只想正常工作，不想大肆张扬，但迪尔伯恩和底特律的朋友都不让他这样做，坚持要为他庆祝一番。亨利一共收到好几千件生日礼物，其中最令他喜爱的，就是以大豆为原料制成的领带。

当天亨利第一次乘坐汽车走过的那条底特律商店街，每家都悬挂国旗为亨利庆贺。最令他感动的是，许多小朋友在市体育馆为他举办了生日会，舞台的入口被涂成银色，台上挂着蓝色的布幕，当亨利乘着光亮耀眼的 T 型车到达舞台前面时，体育馆内立刻响起了震耳欲聋的掌声，看到小朋友们天真的面孔，亨利恍然间觉得自己好像又回到了童年。听着小朋友们挥动小手唱着甜美的歌，亨利的心中非常感动。

不久，一辆载着很大的生日蛋糕的车子停在了亨利的面前，从蛋糕里走出一个活泼可爱的少女，她捧着红色蔷薇花献给克拉拉和亨利，小朋友们唱起了生日快乐歌，场面温馨感人。

除了金婚纪念和生日礼物之外，亨利也收到了从各地寄来的其他纪念品，多家大学都颁给了亨利荣誉博士学位，亨利还获得了美国和其他国家颁发的勋章。他还是第一个获得英国詹姆斯·瓦特勋章的外国人。

当时亨利一直都很关心英国的农业生产力。有一次在英国参加午宴时，亨利正好和首相丘吉尔坐在一起，亨利便问他："英国为什么要在农业上依赖进口，而不努力发展自己的农业呢？"

丘吉尔回答："福特先生，我们已经尽了最大的努力，但效果并不理想。"

亨利说："那就让我试试看吧，也许情况会好一点。"

过了几天，亨利便花了40万美元，在距离伦敦50千米的地方买下一片农场。亨利开办了一所少年农业学校，学校就坐落在农场内的一座大建筑物里。亨利让学生学会用耕耘机以及其他新的农业机械耕作。第二年，仅仅是包心菜的收益就有近五万美元，亨利实现了对丘吉尔的承诺。

工会的斗争

1939年9月，第二次世界大战爆发，起因是希特勒领导的装甲部队闪电突袭波兰，英法对德宣战，紧接着战事迅速蔓延。

亨利对战争的看法仍和以前一样，认为军事上的胜利并不是真的胜利，不管英国、法国或德国也好，最后通通都可能是输的一方。亨利也和过去一样，不为英国、法国、德国制造武器，但允许设立在英国、加拿大、澳大利亚、南非、印度等地的福特工厂，为英国和法国提供武器援助，毕竟那里的分公司曾经受到英、法两国的保护，亨利这么做也算是一种报答吧。

加拿大的福特公司是当时英国最大的汽车工厂，为了支援英国，那里的工厂立即生产了五万辆军用车，在南非的分工厂所制造的军用车也活跃在北非战场上。亨利审时度势，觉得美国参战的可能性很大。为了保卫自己的国家，亨利决定再度从事军械生产。

国防部最初向福特公司订购了4000台引擎，要求是军机用18汽缸、空冷式维特尼新型引擎，亨利立刻投资2000万美元，建起了一座制造这种引擎的新工厂。生产这种引擎必需使用一种特殊合金，但目前还找不到制造这种合金的设备，福特公司又为此花了80万美元，在卢其工厂建造提炼合金的熔炉。

除此之外，福特公司还为另外两家公司提供零件，帮助他们制造轰炸机。后来美国军方又改变了计划，福特公司也被要求制造轰炸机。

福特公司还有一项很适合自己的任务，那就是生产吉普车。这种吉普车体型小、重量轻，又很坚固，爬坡力强，最高时速可达100千米，极适合执行侦察任务。车上可以装载机关枪和三个士兵，无论是在泥土里还是沙地上都能正常行驶。由于此车性能很好，陆军单位就加倍订购，福特公司为了供应军方的需求，不停地生产这种被称为"电击汽车"的吉普车。

亨利一面进行军需生产，一面研究如何把大豆应用在工业上。当时还有一个人也对这个问题感兴趣，那就是从福特工业学校毕业的青年查理斯·波亚。亨利感到有些分不开身时，便请他负责大豆的研究工作，亨利对他说："好好努力，也许你这间研究所，会成为福特公司最重要的设施呢！"

波亚的研究表明，大豆可以作为生产塑胶的原料，用它生产出的塑胶韧度很强，几乎可达钢铁韧度的一半。波亚又继续用其他植物做实验，同样也有很重要的发现，最终他完成了用塑胶作车体的构想。亨利为了试验塑胶板的强度，用全力敲打车体，结果一点痕迹也没有，这让他感到很满意。波亚的努力成果使得制造比钢铁轻一半、韧性强十倍的塑胶板成为现实；而且塑胶板在受力时会呈弯曲状，力量除去时又会恢复原来的形状。亨利觉得塑胶板的前途大有发展。

就在这个时候，美国汽车工厂的劳工们掀起了热火朝天的组织工会的运动，福特公司也不幸被卷入这场纠纷中。亨利一向不喜欢劳动工会，甚至对一般的经营团体、军队、政党也很反感。亨利觉得一旦参加了某个组织，个人的意志就要受到控制，失去自由。

工会经常利用罢工、抗议等手段胁迫资方屈服。罢工会使工厂的生产陷入瘫痪，但工资还要照常支付，在亨利眼中这是很不合理的，不但对公司没有好处，也会使劳工的生活更加艰苦。亨利觉得所谓的劳工运动，只是一些具有不良意图的阴谋家，想借此破坏公司的生产，甚至是想要夺权。

亨利虽然痛恨工会，但却不会对那些参加工会的人另眼相看，绝不会因为员工参加工会而不录用他们。亨利本身就是从一名劳工做起的，他能尽可能站在劳工的立场想问题，为他们谋求幸福，所以亨利实在没有想到，这些员工会向他表示抗议。

也许是由于经济不景气，个别劳工因为没有优秀的技术而缺乏安全感，唯恐不参加工会，就有"被开除"的危险，因此工会的声势越来越大。

当时由汽车工业的员工组成的汽车工业工会参加了美国产业工会召开的会议，会议决定由汽车工业工会首先发动罢工，他们的第一个目标就是通用公司和克莱斯勒公司，这两家汽车工业的巨头最后都向工会妥协了。于是工会便挟着胜利的余威，把福特公司当成了下一个目标。

工会向福特公司提出许多要求，胁迫亨利屈从，而一向对工会没有好感的亨利根本不加理睬。亨利认为工会的干部中一定有人想借此制造混乱，然后从中牟利。亨利十分清楚接受他们的条件的后果，这些人轻易不会屈服，当付给员工相当数目的工资后，他们仍会继续鼓动："我们要获得更高的工资，就必须干到底。"或煽动员工说："一天工作八小时太辛苦了，应该缩短为六小时。"人的欲望是永无止境的，好像不发动一些事端就不舒服似的。

亨利不仅不接受工会的要求，还公开表示不承认汽车工业工会这个组织。这导致了事态日益严重。工会采取静坐的方式来表示抗议，后来又在1941年4月进行了一次大罢工，参与的员工多达8000名。

发生罢工的第二天，密歇根州的州长便出面调停。福特公司和工会进行了一番商谈，最终决定由福特公司83000名劳工投票表决，看员工们是否赞成工会的做法。然而结果却大大超乎亨利的想象，他本以为反对工会的员工会占压倒性的多数，结果竟有八万多人投票支持工会，反对工会的票数不到百分之三。亨利只有感慨时代的变迁了。

既然这么多员工赞成工会，亨利也只能妥协。他一向都要求自己站在员工的立场，这次当然也不能例外。因此，福特公司接受了工会所提的全部要求，甚至是一些其他公司拒绝接受的，亨利也一并采纳了。总的来说，就是福特公司接受工会的要求，不雇用没有加入工会的人，并承担员工应缴予工会的费用。工会获胜后非常高兴，不过从此以后，员工与公司的关系就彻底变成了资本家与劳动者的关系。尽管如此，亨利也尽量保持和员工们以往的感情，尽量避免发生对立的冲突。

硝烟再起

1941 年 12 月，日本对美国军事基地珍珠港发动突然袭击，美国上下皆愤怒不已，立刻对日宣战，加入了世界大战的阵营中。福特公司为了支援祖国，宣布要成为"民主主义国家的兵工厂"。

亨利在距离底特律 50 多千米的维勒兰农村，建起了世界上最大的轰炸机制造工厂，并向外宣布要进行每天 1000架的大量生产。不过这个消息几经传说，到最后竟变成了福特公司每天要制造 5000 架轰炸机。

这座工厂宽 400 米，长超过 1500 米，工厂内的员工人数约十万，周围很快就形成了一个热闹的社区。整个生产过程，需要用三万多个零件经由七十余个组装环节后，才能制造一架轰炸机。已退役的空军上校林德伯格也要到维勒兰工厂帮忙，亨利问他："你希望待遇多少？"

他很干脆地说："比照空军上校的最低薪资就好啦。"

林德伯格上校对轰炸机的高空飞行做过大量的研究，更难得的是，他处理事情的态度和原则都与亨利相同。亨利每次到维勒兰工厂去，都要先找林德伯格上校谈话。

在亨利看来，制造轰炸机和生产汽车的情形并无不同，他想不考虑过去制造飞机的技术，而采用自己的新方法来制造轰炸机。

在开始生产之前，陆军的一架重型轰炸机飞到了迪尔伯恩，给福特公司的技术人员提供研究的样本。亨利和查理斯立刻登机察看，亨利看了一下机体，便同查理斯说："需要焊接的地方大概很多。"

这时，一位飞机专家听了他们的谈话，便对亨利说："福特先生，机身绝不能用焊接的。"亨利不理会他的话，叫技术员着手研究焊接的事。

制造轰炸机并不像制造汽车那样简单，而且军部经常根据实地作战的经验改变设计，这从一定程度上增加了制造过程的困难。因为一旦改变飞机的设计，福特工厂就需要改装机械，但是这对于亨利来说并不算什么大问题。

1943年5月，发生了一件让亨利悲痛欲绝的事。年仅49岁的埃兹尔去世了。埃兹尔很喜欢艺术，像A型车、V8型车的外形都是由他设计的，同时还兼任着底特律美术馆的馆长。他对劳工运动很了解，在经营维勒兰工厂的时候就显露了这方面的才干。

埃兹尔去世后，他在福特公司的所有股权，就被充作福特基金会的资金。福特基金会是七年前亨利和埃兹尔为了全人类的幸福所成立的公益机构。

　　埃兹尔的去世，对福特公司和亨利来说都是一个很大的打击。但是亨利还不能一直悲伤下去，已经80岁的他，不得不重新回到福特公司董事长的职位上。

　　一般像亨利这种年龄的人大多退休了，但是亨利却要肩负起领导福特公司的重任，好在亨利的身体状况还不错，除了背脊有点弯曲外，仍然还是个充满活力的人。亨利还坚持早上五六点起床，散步一段时间后回来吃早餐，然后再到公司开会或到工厂巡视，一个上午就这样过去了。下午，亨利一般都到研究室做各种马达和机械的实验，很少在董事长室逗留。下班后亨利便回家和克拉拉一起吃晚饭，九点到十点左右上床睡觉。

　　当维勒兰工厂的生产准备工作完成以后，亨利便开始制造轰炸机。生产进行得很顺利，产量达到了每月340架，但距离亨利的1000架的理想目标仍很远，尽管如此，政府已经感到很满意了。轰炸机的生产效率不断提高，到1945年春天，福特公司已经制造了8000多架轰炸机了。但是亨利并不为此感到兴奋，一想到自己公司制造的轰炸机，即将成为杀人的工具，亨利心里就很难过。毕竟敌人也是有生命的啊！

　　战争是残忍的，如果不战胜敌人，这场战争就会永无休止，亨利一直憧憬的和平也就不会到来。为了美国能够取得胜利，亨利除了在维勒兰制造轰炸机以外，又在卢其工厂和海兰帕克工厂制造军需品，包括各种吉普车、装甲车、坦克车、水陆两用战车、反战车武器，以及军用卡车等，这些设备都陆续被运送到盟军的部队中。

福特公司还制造了一种威力很强的战车，那就是 M4 坦克车，车上除了装有机关枪和防空武器外，还装有 75 毫米口径炮。然而亨利还不满足，叫人继续把 M4 坦克车加以改良，最后福特公司研发出了世界上最大的雪曼战车。雪曼战车在埃及战场上发挥了它的威力，打败了德军将领隆美尔的装甲部队，为盟军创下的辉煌战绩做出了贡献。

同样忙碌的晚年

1945 年 9 月，第二次世界大战终于结束了，福特公司立刻停止了军需品的生产，恢复了原来的正常生产，致力于制造轿车、卡车、推土机等。

"二战"期间，亨利预料到了飞机的光明前景，他想也许用不了多久，飞机运输就会取代铁路运输。不过亨利同时也相信汽车不会被淘汰。就像是电话、收音机的兴起，并没有影响到电信事业的蓬勃发展一样。所以亨利坚信只要公路存在一天，汽车就绝对不会被淘汰。

早在第二次世界大战以前，福特公司的业务就已经落后于通用公司和克莱斯勒公司了。1926 年，福特公司的汽车产量占美国汽车总产量的半数以上，但到了 1941 年，这个比重下降到了百分之十六。性能出众的 A 型车和 V8 型车，已经很难和经常改变外形的雪佛兰、普里木斯汽车竞争了。

自从儿子埃兹尔过世后，亨利就把曾经当过海军的孙子亨利二世视为自己的继承人。亨利二世 27 岁时就开始担任福特公司的副董事长，其干练果敢的作风，让亨利看到了福特公司复兴的希望，庆幸自己后继有人。然而非常凑巧的是，1945 年的春天，就在亨利打算把董事长的职位传给亨利二世的时候，亨利却生了一场病，虽然没过多久就恢复健康，但大家都觉得亨利已经不适合担任董事长的职务了。同年 9 月，亨利正式把福特公司董事长的职位让给了孙子。

年轻的亨利二世一上任就让弟弟也加入董事会，同时积极吸收优秀人才，加强公司的人员阵容。在他的领导下，福特公司顿时变得朝气蓬勃。

福特公司的情况有所好转，通用公司和克莱斯勒公司都感到非常惊讶，已经沉寂了 15 年的福特公司，再次成为了他们的强劲对手。1946 年，福特公司的生产量在全美国汽车总量中的比重上升到了百分之二十二。亨利很得意地对克拉拉说："你看，我们的孙子很能干吧！"

"当然不错，但他的做法却和你不太一样。"

亨利叹了一口气，说："时代转变了，这是没有办法的事，但我一生服务于社会的原则，相信孙子是不会忘记的，我们一定要多活几年，看看孙子怎样制造汽车。"

克拉拉微笑地点头。自从相遇的那天起，克拉拉就对亨利说过的话深信不疑，不管亨利作出什么样的决定，克拉拉都毫无保留地支持，亨利也衷心地信赖她和爱她。每当有人问亨利："您过去所作的事情当中，哪一件事最伟大？"亨利总是不假思索地说："和克拉拉结婚。"

1946年6月，纪念汽车工业50周年的庆祝会在底特律市召开。各种庆祝节目足足持续了十天，这期间，底特律市举行了大游行，建立了一个高大的纪念碑。纪念碑上刻录了50年间汽车工业的发展过程，从最古老的汽车到最新式的汽车，排成一条长长的队伍，驾驶员和乘客的装扮都和该车的时代相同，这项游行展览整整走了四小时才结束。满街都是五彩缤纷的彩条，灿烂夺目的烟火。有些古老的汽车在中

亨利·福特与夫人墓

途发生故障，人群就推着它走，非常有趣。

亨利是当天晚餐会中的主要来宾，其他汽车工业的开拓者也纷纷出席。巴尼驾着"九九九号"车来参加盛会，这部车是由法兰克公司制造出来的，而这家公司则是研发美国第一部汽油汽车的杜里兄弟中的弟弟所创设的。

回想起汽车工业的发展历程，亨利不禁感慨万千。以前他对汽车所抱有的梦想，在某种程度上说已经实现了，汽车对社会的进步贡献了很大的力量；然而亨利不得不承认的是，汽车工业的繁荣，也给人类带来了不良影响，交通事故逐渐增多，还经常看到有人把汽车当作犯罪工具，但我们不能因此而抹杀汽车对人类发展所作的贡献。大家都纷纷称呼亨利为"汽车工业之父"。

1947年3月初，亨利和克拉拉去佐治亚州旅行，回来时正好赶上卢其河由于雪水融化而泛滥成灾。河水形成巨大的旋涡，冲倒了电线杆，洗刷着房屋四周的围墙，电话线路也出现了故障。亨利的房子由于停电而冷冰冰的，夫妻二人只好用木材生火取暖，夜晚点燃石油灯和蜡烛来照明。

洪水退去之后的一个早上，亨利坐车到卢其工厂察看灾情，在那一刻，亨利亲眼见识到了自然界的伟大力量，也就是在那时，亨利决心治理卢其河，以防将来再度发生类似的灾难。

83岁的亨利还是无法停止工作。当有人问爱迪生打算什么时候退休的时候，爱迪生的回答非常有趣："大概是在我的葬礼举行之前的两三天吧！"亨利·福特其实和爱迪生是同一类人。他不能忍受自己过着游手好闲的日子，把福特公司的重任全部丢给孙子。亨利认为人生是积累经验的过程，只有不断地磨炼自己才能成为有用的人。虽然人生难免有失望、失败、悲伤等不幸，但无论如何，亨利都会鼓起勇气，坚忍不拔地继续向前迈进。

这一年的4月7日，亨利·福特病逝，享年84岁。举行葬礼的那一天，全美所有的汽车生产线停工一分钟，以示哀悼。